我倒是乐于把阅读、审美甚至休闲与经济学思考融为一体，因此对我而言，经济研究并非如有些内部人渲染的，或如外部人想象的，是枯燥无味的苦役，而是乐在其中的一种生活方式。

蔡昉

蔡 昉 /作品

『卑贱者』最聪明

社会科学文献出版社
SOCIAL SCIENCES ACADEMIC PRESS (CHINA)

自序

　　作为以研究为职业的经济学家，阅读文献、调查研究、赴会研讨和撰文著书自然是不容回避的工作常态。与此同时，经济学家也有自己另一面的生活，譬如享受天伦之乐、锻炼健身、娱乐审美等等。或许对一些人来说，人生的这个松弛的一面，似乎是对经济学家作为一类沉闷的科学从业者的必要补偿。然而，我倒是乐于把阅读、审美甚至休闲与经济学思考融为一体，因此对我而言，经济研究并非如有些内部人渲染的，或如外部人想象的，是枯燥无味的苦役，而是乐在其中的一种生活方式。

　　把经济研究当成一种生活方式，在涉猎广泛的阅读中，在浏览新闻甚至欣赏艺术作品时，就自然不自然地联想到经济问题，甚至举一反三，偶有所得。在 20 世纪 90 年代和 21 世纪初行政工作尚不那么繁忙的时候，我乐于以相对轻松的文字，把诸如此类的所思所想写成随笔，前前后后在《读书》、《经济学家茶座》、《三联生活周刊》等非专业类报刊发表，也算是在经济研究圈子之外，普及一些经济问题的知识，分享自己的分析逻辑和结论观点，其中一些短文也得到读者的喜爱。例如，我写作中提出的诸如"雷尼尔效应"、"梅佐乔诺陷阱"等概念，也在经济学圈子内外为人所使用，其传播主要得益于这类发表在非专业报刊上的随笔，而不是发表在学术期刊上的文章。

这次受社会科学文献出版社社长谢寿光先生之约，并承恽薇和孔庆梅两位编辑的精心策划，我把以往分散发表的这类短论结集出版，不能说以飨读者，只算是不揣冒昧吧。我把选文的标准定在那些文风轻松活泼、内容具有故事性的短文，并且不限于经济问题或经济学的讨论。至于那些写作风格比较严肃、以阐述特定经济问题为出发点的文章，即便是短小精悍和面对非专业读者的，也没有收在文集内。不过，也有几篇短文，因阐释的是相对抽象的经济增长理论问题而略显艰涩，非专业的读者大可将其置之一旁。

多数随笔写作时间较早，其中一些的针对性或多或少已经时过境迁。但是，就写作欲表达的意思来说，也许没有完全过时，有些与当前人们关注的热点问题仍然密切相关，甚至有些表达过的担忧如今成了现实的问题。例如，随着中国经济增长的减速，一些中西部省份的增长表现显示出与"梅佐乔诺陷阱"相似的特征；不良或不法经营者继续滥用经济学规律，侵害着消费者的利益；面对全球移民和难民现象，人们形成了针锋相对的看法和政策主张；经济学的评价机制也尚未完善；等等。因此，这些旧作仍然被敝帚自珍地收入本集。

总体上，文章最初写作时的原样得以保持，部分短文做了微小的文字修正，仅仅在特别有心得的地方，对部分原文做了少量补充。
说到这本随笔集的书名，鉴于很难找到一个能够概括所有讨论内容
的精练且醒目的表达，而仅以"短论集"为书名又颇显直白无趣，
故借鉴文学界的一种做法，选择其中一篇短文的标题作为书名，即
"'卑贱者'最聪明"，旨在增加一点趣味性，或许也能激发读者
的好奇心。至于各篇短文的正确性、准确性、可读性以及写作水平，
只有留待读者评判了。

第一编

经济学与经济学家

经济理论应该怎样构造?

——弗里德曼与科斯关于经济学假设标准的分歧

　　人们常常看到经济学家的帝国主义倾向,但许多人容易忽略下列事实:由于经济事务与每一个人切身相关,因而现实经济问题也是每一个人乐于思考的对象,以至经济学实际上是最易于吸引非职业人员进入的学问领域。克鲁格曼称那种乐于表达经济学观点的非专业人士为"票友理论家"(accidental theorist)。正如经济学家容忍自己表现出帝国主义倾向一样,他们也应该欢迎"票友经济学家"参与经济问题的讨论,作为他山之石。但是,职业的经济学家仍然有必要在职业行为中表现得与众不同。换句话说,经济学有自己的学术规范,因此,构造经济理论需要跨越一些职业门槛。

　　构造经济理论最基本的一步应该是跨越实证经济学思维的门槛。我们在参加或旁观经济问题的争论时,最常听到的用语是"我认为……"这种"我认为"常常被人认为"不客观",以至在写作教程中,必不可少的一个原则就是回避使用"我",必要时代之以"笔者"。其实,这里的问题在于"我认为"通常不具有可证伪性,而不在于采用了第一人称("笔者"也是第一人称)。所以,经济学到了弗里德曼那里，特别强调实证经济学的方法论，着眼点就是任何假说都要求具有可证伪性。

社会科学主张把"应然"（what ought to be）和"实然"（what is）加以区分，具有悠久的传统。休谟曾经用锋利的"铡刀"斩断了事实领域和评价领域之间的混淆。他指出：人们不能从"是"推断出"应该"这一命题，即纯事实的描述性说明凭其自身的力量只能引起或包含其他事实的描述性说明，而决不是做什么事情的标准、道德准则或规定。所以，这种认识被马克·布劳格称为"休谟的铡刀"。

这一传统在经济学中表现为实证经济学与规范经济学的分野。作为经济学家的老凯恩斯（John Neville Keynes）指出：实证科学是一整套关于"实然"问题的系统化知识，而规范科学则是一整套讨论"应然"标准的系统化知识，把两者相混淆导致诸多谬误。因此，他倡导建立一门独立的政治经济学实证科学。而真正严格地讨论了实证经济学方法论，并将其著名的论文流传至今的，则是诺贝尔经济学奖得主弗里德曼（Milton Friedman）。

弗里德曼指出：实证科学的终极目标是发展一种理论或假说，以便对于尚未为人所观察到的现象作出有效的和有意义的预测。这种理论通常由两个成分构成：一部分是作为一种语言，用于提升"系统而有机的推论方法"；另一部分是作为一系列实质性假说，用以从纷繁复杂的现实中将其基本特征抽象出来。从理论的语言功能观察，它实际上是一种方法论体系，涉及形式逻辑、抽象方法、论证方式等等。而从理论作为一系列假说的功能角度观察，弗里德曼强调的是理论对所解释现象的预测能力——事实证据是判断理论正确与否，或者是暂时接受还是拒绝的唯一标准。

为了牢记经典，我们有必要直接引用弗里德曼的一段话："检验一种假说的唯一适当方法是将该假说的预测与经验相比较。如果该假说的预测与经验相抵牾，或者说与其他假说相比，更为频繁地或更为经常地与经验相抵牾，该假说就被拒绝；如果预测不与经验相抵牾，该假说就被接受；如果它能够很多次避免与经验相抵牾，该假说的可信度就大大提高。"我们应该注意到了，弗里德曼这里多次使用频率性的用语（"频繁地"、"更为经常"、"很多次"），而不用直截了当的定性用语。这是因为："事实证据从来不能'证实'一种假说，而只能说该事实未能将该假说'证伪'。"

看一看社会学如何定义理论是饶有兴味的，从正从反都可以与弗里德曼的说法相互印证。一些社会学家（如托尼·巴内特 Tony Barnett）也是用语言来类比理论，认为理论总是以特殊的方式提出问题，用专门的方式定义词语的含义，包容一些可能性，排除另一些可能性。一种"理论"永远不会是正确的，而只能将其看作一种非常特殊的语言形式，用来勾画人们讨论特定问题所使用的一些词语，以及人们用经验来检验自己语言描述合适与否的方式。就像我们不能问英语、俄语和斯瓦希里语是否正确一样，我们在社会学或其他学科中所使用的特定理论语言也是不能被置问是否正确这样的问题的。可以问的问题只是，它们是否足以胜任其应该履行的职责。

可见，社会学更倾向于在方法论的层面上定义和使用理论，而忽视理论作为一系列假说体系的层面（至少与经济学相比有这种倾向）。这或许可帮助我们理解经济学与社会学之间的差别。

虽然弗里德曼在把理论仅仅看作"语言"形式的时候，也强调了它需要对应着意义明确的经验对象，否则尽管理论仍然可以是正确的，却只能相当于屠龙之技，但他没有在论述理论作为假说功能的时候坚持这一点，而仅仅以一种理论的预测准确程度作为该理论的评价标准。科斯（Ronald Coase）在批评弗里德曼时指出，理论不像飞机或客车时刻表，它还应该是人们思考问题的基础，帮助人们组织、整理自己的思想，以便理解现实中发生的事件。科斯宣称，如果有两种理论，一种预测良好但关于现实如何运作没有任何洞察力，另一种给予我们这种洞察力却预测失败，他和绝大多数经济学家宁愿选择后者。

通过弗里德曼引用来说明其实证经济学方法论的一个例子，我们可以清楚地看到他与科斯的不同立论点。在弗里德曼看来，一棵树上的树叶密度的分布，可以假设是每个树叶为了追求获取阳光的最大化，而有意为之。在这里，假设树叶懂得物理学定律，并且可以迅速移动自己的位置以获得更多的阳光。弗里德曼认为，虽然这个假说中的假设明显是错误的，但依然理由充足，因为其引申的含义与观察到的事实是一致的。科斯则认为，即便可以假设树叶懂得

　　　　　　　　　　／ "卑贱者" 最聪明

物理学定律，可以有意识地移动自己的位置，因而这种理论可以帮助我们预测树叶的分布，但它对于我们思考树叶本身却毫无帮助，因为对我们而言，重要的问题莫过于揭示在假定树叶没有大脑（这是真实的假定）的前提下，它们是怎样在一棵树上分布的。

在这一点上，弗里德曼的确走得太远了。如果我们同意科斯对弗里德曼的批评，就有必要提出构造经济理论的另一个基本要求——跨越假设真性性的门槛。科斯在分析企业的性质时，针对以往经济学家强调假设的易于处理性质而忽视假设的现实性质，或者把两者割裂开来的倾向，指出理论假设既应该是易于处理的又应该是现实的。他讲的易于处理的性质，是指假设能够使用马歇尔所发展起来的两种强有力的经济分析工具（边际分析和替代分析，或两者合在一起——边际替代分析）来处理；而他讲的假设的现实性质则指假设与现实世界中的事物含义相吻合。

科斯认为，理论的功能是帮助我们理解为什么经济体系像现实中那样运作。而正因为如此，理论假设中的现实性是必要的。现实性的要求迫使我们分析存在着的世界而不是并不存在的想象中的世界。在一篇题为《经济学家应该怎样选择？》的文章中，科斯用三个经济学说史上的例子说明，理论是因为其提供了更好的对于经济体系运作的思考基础而迅速且广泛地被人们接受的，而不是因为其提供了更好的预测。这三个例子分别是 1931 年哈耶克关于经济萧条的理论、1936 年开始的凯恩斯经济学革命和 1933 年以张伯伦和罗宾逊夫人为代表的垄断竞争理论。

在经济学传统中，与科斯的主张相比，弗里德曼的实证经济学方法论对经济学研究的影响要大得多。因而，在某种程度上，如科斯所批评的，其错误所产生的误导作用也是深远的，譬如导致计量经济学的滥用和误用（一个经典的例子是杰文斯关于太阳黑子对英国经济景气影响的计量研究）。

然而，需要指出的是，弗里德曼的错误之处并不否定实证经济学的重要性和其作为经济学基础的地位。事实上，科斯对弗里德曼的批评之一就是否定其理论符合实证性原则。在完全接受科斯对弗里德曼所做的批评的同时，我认为科斯和周其仁都夸大了假设现实性观点与弗里德曼实证经济学方法论的分歧。事实上，弗里德曼也强调了理论所对应的必须是有意义的对象（meaningful empirical counterpart）。而且，他所强调的将理论的预测功能和预测的正确性作为检验理论的标准，实际上从方法角度讲是把假说与真实世界吻合起来的最可操作的原则，也是经济学主流研究方法的理论基础。

因此，在学习如何成为一个称职的经济学家的时候，最理想的境界应该是在接受弗里德曼实证经济学方法论的同时，把研究真实世界的经济问题作为出发点。下面，我们以创造一个真实、正确、有意义、易于处理和具有正确的预测性的理论为目标，提出若干从事经济问题研究的原则。

原则一：着眼于解决研究假设的真实性问题。即研究选题要到经济现实中去寻找，而不是从别人的著作或论文中去寻找，用周其仁的话说，就是"在真实世界里找学问"。例如，科斯在写作他最著名的经典论文《企业的性质》时，就是"尝试着从工厂和公司的办公室，而不是从经济学家们的著作里找寻企业存在的理由"。范里安（Hal R.Varian）在介绍自己如何从事经济学研究时，也强调不要试图从经济学的学报中去寻找想法，而要从报刊里、电视上、日常的谈话间，甚至平时生活中寻找经济问题，作为自己的研究选题。

假如你要对中国的国有企业进行研究，如果你一开始就急于到英文的经济学专业学报去查阅文献，那么你立即会被一个西方经济学家的共识所俘获，那就是私有产权制度是保证企业具有效率的不二法门。于是，你的全部注意力都集中到企业的产权制度方面，你的观点也就事先确定了。这时，你失去的不仅是研究的原创性，更失去了立论的真实性。因为正如林毅夫所认为的，产权制度的隐含假设是企业具有自生能力（viability），但中国的国有企业恰恰不具备自生能力。

原则二：着眼于解决研究假设的正确性问题。虽然理论是否正确，最终要靠实践的检验或者说看其预测的正确与否，但是在选择之初也可以从其逻辑判断是否具有较大的正确性的概率。除了对于理论的数理逻辑和形式逻辑的判断之外，经济学最具公理性的逻辑是"经济理性"假说，即在你所构造的理论中的每一个当事人（agent）都应该被假设是按照趋利避害的理性行事的。无论是农民、工人、企业家、消费者还是政府、工会，都无一例外地选择成本最小、收益最大的行为方案。即便你的模型要利用利他主义（altruism）假设，当事人也仍然是具有理性基础的。在理论的推论过程中，任何步骤一旦是在非经济理性基础上引申出来的，该理论的正确性就很可能大打折扣。

原则三：着眼于解决研究假设是有意义的问题。从事研究是一项生产性活动，是通过投入一定的时间、金钱和智力，预期生产出产品——研究成果，可能是文章、研究报告或者著作。而所有这些投入都是有机会成本的，即如果不做此项研究，把资源转移到其他领域可以做彼项研究。因此，经济学家作为理性人，应该选择最富有生产性的研究题目。鉴于经济学家的社会责任，这里"最富有生产性"的含义应该是选题最具有针对性，试图解决的是最急迫的现实经济问题。正如阿莱（Maurice Allais）自我激励的信念所言："一个科学家不能对他所处时代的重大问题无动于衷。"在处于发展中和转轨中的中国，经济学家、课题经费都是稀缺资源，所以，当你面对一个"漂亮脸蛋是否有助于找工作"与"为什么劳动力市场歧视农民工"这两个选题时，后者显然是更急需的，产生的结果也应该是更具有现实和理论意义的。

原则四：着眼于解决研究假设易于处理的问题。研究假设的易于处理性质，在于它是适合于作为经济学分析对象的。尽管布坎南和贝克尔的贡献表明经济学分析的对象是可以扩大的，但在一定的知识存量范围内，你作为一个人所能够处理的研究假设仍然是受到限制的。在这个阶段，你的任务就是努力将你的假设一般化，即与经济学中权威的、公理化的理论建立起关系。此外，对你选择的假设进行抽象，有助于将假设变得易于处理，并且检验该假设是否易于处理。理论的目的是使用尽可能少的信息解释尽可能多的事物，所以，理论的抽象能力至关重要。范里安建议的办法是，利用一个最简单的"一个时期、两种产品、两个人"的例子，把你的想法最大限度地简单化。

例如，克鲁格曼的研究方法，就是通过类似下面的寓言或比喻进行思想实验，用最简单的方法抓住经济过程的逻辑："想象一个经济，仅仅生产两种产品：热狗和小面包。消费者的习惯是，每吃一个热狗同时就要吃一个小面包，反之亦然。而劳动力在这里是唯一的投入品。"弗里德曼指出：一种理论越是"简单"，它在一个领域内进行预测所需的初始知识就越少；而一种理论越是"丰满"，它的预测越精确，该理论赖以进行预测的领域就越宽，其所留待进一步研究的内容就越多。

原则五：着眼于解决预测能力问题。除了弗里德曼，许多经济学家也强调：让实验数据来说话是主宰一切科学学科的金科玉律，而这个数据检验的过程就是保证理论假设与现实世界相一致的可操作方法。弗里德曼也澄清道：检验假说有效性的"预测"并不一定是尚未发生的现象，即并不一定只是预测未来，也可以是已经发生的但是尚未被观察过的，或者尚未为经济学家很好理解过的事件。这实际上就是目前广为经济学家使用的计量方法的理论基础。在保证了前面四个原则的前提下，计量经济学方法就可以放心大胆地使用了，只是仍然需要记住：经济逻辑产生于假设的真实性和正确性，而不是产生于统计结果。

怎样传播经济理论

    经济学是一门经世济民的学问，对于大众来说，似乎是不言而喻的道理。然而，在经济学家圈子内，却并非所有人都这样认为。把经济研究作为圈内人的游戏，既不考虑其现实意义，也不为稻粱谋的经济学家大有人在。这样的观念在中国在国外都存在。这些人认为，经济学就是经济学，并非一门与实际经济活动密切联系的学科，也无须紧扣现实生活，经济学研究的唯一目的和终极评价，就是在匿名评审的权威期刊发表论文。而在国内，一些经济学家既把西方的学术规范奉为圭臬，也崇拜那里一些经济学家的个人风范，以不在国内专业期刊发表论文，以及无心给决策者提供政策建议为荣。

    个人的职业目标不同，经济学家的行为应该允许多样性。不过，有一点我认为有所误解的是，在国外很少有经济学家以不在本国期刊发表论文为荣。不过，不关心现实问题，不愿意为决策服务，的确是古今中外都存在的。对于他们来说，如何在小圈子之外传播经济理论，并不成为一个问题。

    不过，好在大多数经济学家还是以经世济民为己任的。所以，不仅对如何构造经济理论需要予以方法论上的讨论，如何传播经济理论也自然成为一个话题。阿兰·曼所著《魔鬼凯恩斯》[①] 在讲述凯恩斯故事时，对于构造经济理论和传播经济理论的篇幅分配上，至少是平分秋色的。从中我们可以看到，凯恩斯作为学说史上堪与斯密、马克思、马尔萨斯等并驾齐驱的经济学家，不仅生前声名显赫，而且身后成为经久不衰的偶像，在相当大的程度上应该归功于他杰出的传播能力。

凯恩斯曾经对于心目中理想的经济学家做过如下描述："在某种程度上，他必须是数学家、历史学家、政治家、哲学家。他必须懂符号、善于辞令。他必须透过一般理解特殊，并在同一闪念间触知抽象和具体，他必须根据过去、为了未来，研究现在。人类的天性或其社会结构，他都必须心领神会，不容有被漠视的地方。他必须办事果断，处事公平，两种心境缺一不可；他应该像艺术家，超然物外、廉正无私，有时又应该像政治家，体察民情。"[②] 虽然凯恩斯是在为马歇尔作传时，罗列了上述优秀经济学家所必须具备的要素，并且声称马歇尔具备了其中的很多，其实字里行间透露出，他并不认为马歇尔本人是这方面的榜样。

凯恩斯自己却的确具备了这种多面手的素质。因此，构造经济

---

① 〔法〕阿兰·曼：《魔鬼凯恩斯》，余江译，中信出版社， 2009。
② 〔英〕约翰·梅纳德·凯恩斯：《艾尔弗雷德·马歇尔传》，滕茂桐译，商务印书馆，1990。

／"卑贱者"最聪明

对于增进我们关于经济理论和经济史的知识做出了重大贡献。

20世纪30年代，在名古屋大学，欧美游学归来的赤松要开始了自己的经济研究生涯。不久后他提出了只是后来才广为人知的雁阵理论（日本叫"雁行形态论"，英文写作 flying geese paradigm）。这个理论模型起初只是用来描述日本作为一个后起经济，如何借助动态比较优势的变化，完成一个"进口—进口替代—出口"的完整赶超过程。之后，通过小岛清等若干经济学家的贡献，该理论逐步流行，被广泛用来解释和理解东亚经济的发展模式，即以日本为领头雁，按照比较优势的动态变化，劳动密集型产业依次在亚洲四小龙、东盟国家以及中国沿海省份之间转移，推动整个地区的经济发展和赶超。

赤松是一个非常严谨、刻苦的学者，却不是一个锋头锐健的人。他1922年毕业于东京高等商业学校，到新建立的名古屋高等商业学校教书。1924年出国深造，在柏林大学和海德堡大学学习经济学和哲学。有趣的是，在1926年回国之前，他先离开德国到伦敦拜谒了马克思墓地，随后到波士顿，在新成立的哈佛经济统计局做短暂停留。在那里他满怀热情地接受了经验研究方法，旋即回到名古屋。借助于日本第一台引进的美式电子计算机，以及名古屋丰富的纺织业发展数据，进行了深入的统计分析。后来与赤松的名字联系在一起并流行于世的雁阵理论，就是在这个坐冷板凳的时期逐渐地浮现出来的。

这个理论形成过程中的艰辛自不在话下，其流行也并非一帆风顺。虽然在 20 世纪 30 年代赤松已经出版了著作，但是，以雁阵理论命名的文献在 40 年代、50 年代才陆续以日文出版，而能够使该理论成为国际范围话题的英文文章，则迟至 60 年代才发表。而且，纯粹是有赖于另一个人的重要贡献，其才在东亚地区乃至全世界获得了巨大影响力。此人为大来佐武郎，既是日本一个不可忽视的经济学家，也是曾经身居要职的政治家（1980 年任日本外相）。正是这种双重身份，使其能够慧眼识珠并鉴宝于世。

　　1985 年，在首尔召开的第四届亚太经济理事会会议上，大来佐武郎做了一个发言，指出亚太经济合作有别于两种传统国际分工模式，既不同于工业化国家与原料输出国家之间的垂直模式，也不同于像欧共体内部那样，在发展水平相近的国家之间形成的水平模式，而是按照比较优势的变化，各个经济体相继获得发展不同类别产业的机会，最终在整体上形成一个雁阵样的区域增长模式。正如赤松的学生，也是雁阵理论最著名的传人小岛清指出的那样，主要是由于大来佐武郎的特殊身份和巨大影响力，该理论才在亚太地区广为流传，被广泛用来解释东亚奇迹。

　　说到东亚奇迹，20 世纪 90 年代初的一场著名争论，也可以作为一个学术研究与学术观点传播互补的事例。世界银行在 1993 年发表的一份报告中，以其权威性，向世界首推了以"亚洲四小龙"等经济体的经济增长表现为代表的"东亚奇迹"。这个报告发表之后，

　　　　　　　　　　　　　　　　　　　／ "卑贱者"最聪明

撇开关于"东亚奇迹"产生原因的争论之外，关于这个所谓的"奇迹"是否成立，当时就众说纷纭、莫衷一是。艾尔文·扬和刘遵义等多名擅长计量经济分析的学者，发现那些创造"东亚奇迹"的国家和地区，之所以取得高速经济发展的绩效，实际上靠的是投入的增加，而不是生产率的提高。一旦撤除投入的因素，"奇迹"马上就消失了，如同"从奥林匹斯山顶跌落到塞萨利平原"。

不过，这些经济学家反潮流的结论不仅遭到了传统观念的漠视，也因其研究的"数字暴政"特征而不为人所知。这时，一个知名度大得多的经济学家兼专栏作者站了出来。克鲁格曼1994年发表在《外交杂志》（*Foreign Affairs*）的文章，以活泼辛辣的笔锋（有人说他是继加尔布雷斯之后文笔最好的经济学家），引用上述学者的研究结论，质疑"东亚奇迹"，终于在世界范围内引起轩然大波，一时间关于"东亚奇迹"是否奇迹的争论方兴未艾，并引发了大量的严肃研究。

可以说，大多数经济学家固然是以在学术期刊上发表纯理论或纯技术论文为己任，但是，如果没有《外交杂志》或者《经济学家》这样的畅销杂志，没有克鲁格曼这样语不惊人死不休的宣传家，理论充其量只能流传于小圈子，无异于被束之高阁。不过，经济理论在传播过程中，也存在着大量的被误传和滥用，尤其当个人不善于或不能够主宰自己的理论时。不过，如果我们准确地理解经济理论的含义和性质，并不应该得出论一旦错了，那么它越是流传久远，则越是贻害无穷的结论。引起学术兴趣和深入的争论，最终辩明事实，也是那些善于传播理论的经济学家的独特贡献。

例如，克鲁格曼作为代言人，对于"东亚奇迹"的质疑，遭到其他研究者的批评，并被时间证明并非正确。扬和克鲁格曼从新古典增长理论出发，做出劳动力并非无限供给的假设，因此，如果没有生产率的提高，经济增长终究会因报酬递减规律的作用，而成为不可持续的。做出这样的判断，是因为他们不懂得，也没有注意到人口红利的作用，而只是按照西方国家劳动力短缺、资本报酬递减的假说做出判断。东亚经济体大都曾经具有典型的二元经济结构特征，即劳动力无限供给，由于这些经济体在取得显著的生产率提高之前，以生育率下降为特征的人口转变，导致劳动年龄人口比重的提高，以及相应的抚养比降低，这为经济增长提供了一个额外的源泉，即人口红利。正是由于人口红利的存在和利用，经济增长得以在较长时间里保持高速度。

在克鲁格曼提出质疑之后，各种对"亚洲四小龙"以及其他东亚国家（地区）的研究，如雨后春笋般涌现，特别是集中在技术进步对经济增长贡献的估计上面。各种结论大相径庭。后来，随着计量技术和所使用数据的改进，巴格瓦蒂等经济学家发现，以"亚洲四小龙"为代表的东亚经济，既有高投资率也有技术进步率，通过外向型经济发展，从进口设备和引进外资中获得技术和管理，生产率的贡献率逐渐扩大，增长是可持续的。此外，一些哈佛教授也证明，

/ "卑贱者"最聪明

人口红利对"东亚奇迹"的贡献颇大，可以解释这个地区经济增长实际绩效，所超出其稳态增长率部分的 1/3 至 1/2。

赤松的雁阵理论则陷入过被严重滥用的尴尬。在 20 世纪 40 年代初，雁阵理论一度成为"大东亚共荣圈"的合法性源泉，换句话说，日本军国主义当局借助该理论，为其对亚洲国家的侵略提供理论支持。当时赤松本人也被军方派往新加坡，主持对东南亚被占领地区的经济研究。不过，没有证据表明，赤松本人写过任何把雁阵理论与侵略合法性相联系的宣传文章。事实上，在他后来撰写的自传中，不无庆幸地回忆自己被派往国外，从而逃避了直接参与军方滥用自己学术成果的阴谋。

无独有偶，就在同一时期，凯恩斯的正在形成中的国家干预理论，受到了纳粹德国的追捧并被直接付诸实施。而他关于国际金融体系的制度设计思想，则更是与第三帝国和其商业伙伴之间，乃至和被占领的欧洲大陆之间的清算机制难分彼此，可谓你中有我，我中有你。尽管凯恩斯始终能够感受到纳粹官方的善意，甚至他活着的时候就见识过德国媒体对之赞誉有加的悼词，但是，他从未想过帮助侵略者设计一种统治性的金融体系，更始终坚定不移地鄙视法西斯德国的战争行径。

经济学与文学艺术不同，后者的创造过程和最终产品都包含了娱乐的成分，本来就是外人欣赏的内容。而经济学，除了很久以来就被外界称作"沉闷的科学"之外，数学公式、计量模型、统计数据和自说自话般专业名词的充斥，更为自身设置了过高的门槛，似乎有意地把非专业人士排斥在外。但是，经济学与其他审美类学问的不同之处又在于，它恰恰是须臾不能与现实生活相脱离的学科。因此，经济理论的创造与传播，几乎命中注定要成为两个分割的过程。有时需要借助经济学家群体的分工，来统一这两个过程；有时，得益于有凯恩斯这样的大师，我们也可以指望一身兼任两种品质、两种能力的经济学家，把理论创造与理论传播毕其功于一役。

/"卑贱者"最聪明

从发展经济学到"穷人的经济学"

在 2005 年"两会"记者招待会上，温家宝总理引用了诺贝尔经济学奖获得者、已故美国经济学家西奥多·舒尔茨的一段话：世界上大多数人是贫穷的，所以如果我们懂得了穷人的经济学，也就懂得了许多真正重要的经济学原理。世界上大多数穷人以农业为生，因而，如果我们懂得了农业，也就懂得了穷人的经济学。联想到近年来党中央、国务院的一系列"三农"政策，温总理引用的这段话和他本人对于"三农"在中国的极端重要性的阐述，引起了包括经济学家在内的社会各界的广泛共鸣，"穷人的经济学"这个用语不胫而走。

"穷人的经济学"这个说法也引起了一个小小的插曲。我的老师、中国人民大学的周诚教授在《中国经济时报》（2006 年 4 月 4 日）发表文章，批评学界滥用"经济学"这个概念的做法。周老师还列举了一些不恰当使用"某某经济学"的例子，包括我本人在 1998 年出版的小书《穷人的经济学——农业依然是基础》。我十分同意，经济学作为一门社会科学，有其特有的学科规定性，因而它的分支也是需要规范的。因此，分析一些经济或者社会现象时，毫无限定地就冠之以"某某经济学"，的确是对经济学的滥用。

但是，周老师也有所不知。舒尔茨不仅确实有题为《穷人的经济学》这样一篇文章，还有同样标题的一本书出版。前者是他在斯德哥尔摩领取诺贝尔经济学奖时的演讲，发表在《政治经济学杂志》（*The Journal of Political Economy*）1980 年第 88 卷上面；后者是他专门讨论"穷人的经济学"问题的文集，于 1993 年由 Blackwell 出版。另外，"穷人的经济学"在舒尔茨那里，英文原文不是如周老师想当然的 The Poor's Economics，也不是如我当年想当然的 Economics of the Poor，而是 The Economics of Being Poor。

舒尔茨的那篇获奖讲演，我很早就读过，但读的都是王宏昌教授的译文，直到被一位朋友婉转地指出，我才知道英文原文的标题与我想象的不同。当时，我把刚刚出版的同名小书送给长期研究中国农业经济的华安德（Andrew Watson）教授，并向他讲了我在前言中引用的（也是温总理引用的）舒尔茨的那段话，用以说明我为什么使用"穷人的经济学"作为一本研究农业经济问题的著作的书名。华安德教授一边翻看一边表示这个书名起得好，并且不经意地用英语说 The Economics of Being Poor。正是从那时，我才去找了原文阅读，并且知道了舒尔茨怎么用的"穷人的经济学"一词。

不过，我的意图不在于讨论"穷人的经济学"用英文怎么表达，而是要说明，"穷人的经济学"作为一门经济学研究领域，或者甚至一门经济学分支，是完全成立的。我可以提出三个理由说明这一点。

我们先从"穷人的经济学"的提出背景来看。舒尔茨讲出"穷人的经济学"这个概念，不仅仅是要表达关注穷人，关注发展中国家贫苦的农民的观点，而且是要摒弃传统的发展经济学关于穷人和农民的看法。在舒尔茨以前的发展经济学，往往把发展中国家的贫苦农民看作是愚昧的，面对经济激励和经济机会不能做出正确反应的，从而资源配置是无效率的。既然由这样的农民所经营的农业经济天生就是落后的，发展中国家的政府实行歧视农业的工业化政策，就是理性的选择。正是舒尔茨正确地指出，农民在配置他们所拥有的资源时，完全可以向发达国家的企业家一样具有理性和效率，这就是"贫穷但有效率"假说。发展中国家农业经济的落后，根源恰恰在于政府选择了错误的发展政策，人为扭曲了产品和生产要素的价格。一旦政策得以调整，价格信号正确，激励机制正确，贫穷的农民就可以"点石成金"。

可见，舒尔茨讲的不是"有关穷人的经济问题"，而是完全有别于传统发展经济学的一种新的经济学理论、方法和体系。他所著述的《改造传统农业》、《穷人的经济学》以及一系列关于人力资本的著作和文章，都旨在创建、完善和充实这个新的经济学学科。事实上，从学科发展的贡献角度来看，舒尔茨一生致力于两件事情。第一件事情，是把农业经济学变成理论经济学的组成部分，也就是说，所谓农业经济学，就是经济学本身，不过是以农业经济为研究对象而已。第二件事情，则是把发展经济学回归到农业经济学，即把发展中国家的农民看作像发达国家的企业家一样是具有经济理性的当事人，研究如何把被扭曲的激励矫正过来。而这两件事情是相互联系的，没有第一件事情的完成，后一件事情就不能开始，而最后的归宿便是"穷人的经济学"的建立。

我们还可以从中国"三农"问题的性质和"三农"政策的演变来看。以往我们只看到农业问题，政府也只有农业政策。在推行重工业优先发展战略的计划经济时期，农村经济就是农业经济、粮食经济，人民公社社员就是农业生产的集体劳动者，人民公社制度、统购统销政策和户籍制度形成制度"三驾马车"，把农村经济单一化，并且抑制了农业经济与非农产业的必要联系。在改革开放的很长时间里，农业增产被看作是增加农民收入的主要途径，农村剩余劳动力外出并不受到鼓励。尽管政府做出了巨大的努力，不断加大对农业的投入，但农民收入并不能保持与城市市民收入同步增长，造成城乡收入差距再次扩大。直到"三农"问题的提出，政府政策才开始把农业、农村、农民加以三位一体的考虑。一旦形成对"三农"问题的整体认识，关于它们与国民经济整体之间联系的观念也就顺理成章形成了。因此，从逻辑上，20世纪以来"三农"政策的逻辑延续就必然是新农村的建设方针，而不论是否凑巧采用了这个名称。

温家宝总理在讲到新农村建设时，指出这是一着"活棋"，这一步棋走好了，就能够带动内需和消费，从而使中国的经济发展建立在更加坚实的基础上。这实际上已经把中国的农业经济学与发展经济学融为一体了。从短期的宏观经济学角度看，近年来经济增长过分依赖投资推动和出口拉动，缺少国内需求这个重要的引擎，是经济增长潜在的不健康因素和不可持续因素。从长期的增长经济学角度看，中国从相对年轻的人口结构获得的充足的劳动力供给和高储蓄率这两种经济增长动力，随着人口转变的深入已经越来越微弱，而国内需求可能提供的增长动力则是现实地可以加以利用的因素。鉴于农村人口的庞大规模和农民收入水平的现状，通过把"三农"政策推向一个新的更高层次，一个规模空前的国内市场空间才可望得到开拓。

我们再来从经济学的定义看。关于经济学的定义，或者说经济学主要关注的是什么，或者说经济学如何与其他社会科学相区别开，从来就是众说纷纭、莫衷一是。一个广为接受的说法是"经济学是研究稀缺性问题"的学科。也有从研究方法角度定义经济学的，当然其中最关键的是经济理性假设。还有从经济学研究内容进行定义的，如生产、消费、分配和交换的全过程或者单个过程，又如农业、工业、服务业甚或更微观的领域划分。由此产生的可以并且在实际中被人们称为"某某经济学"的说法便十分地丰富多彩了。如按照研究方法划分的计量经济学、投入产出经济学、政治经济学，按照现象划分的歧视经济学、失业经济学、短缺经济学，按照产业划分的农业经济学、工业经济学、金融经济学，按照过程划分的劳动经济学、老年经济学，等等。

　　说到这里，我倒是要退回一步。也就是说，我并不认为一定要给包括"穷人的经济学"在内的各种经济分析冠上"经济学"的头衔。但是，从穷人的经济学这个具有革命意义的科学突破来看，对发展经济学从出发点、方法论，到关注的对象来一番彻底的改造，把经济学真正转到为最广大的人民群众服务的正道上来，又未尝不是一件好事。从这个意义上说，我没有完全接受周诚老师的意见。

经济学思维与经济学写作

　　"想象一个经济，仅仅生产两种产品：热狗和小面包。消费者的习惯是，每吃一个热狗同时就要吃一个小面包，反之亦然。而劳动力在这里是唯一的投入品。"这段引文是经济学家保罗·克鲁格曼心目中典型的经济学文章的写法，他认为经济学是思想实验的园地，即通过一个寓言或比喻，用最简单的方法抓住经济过程的逻辑。

　　另一个经济学家戴尔德拉·麦克罗斯基，则从表达的醒目性角度举了一个类似的例子——"考虑两个城市 A 和 B 交换一种资产 X。如果 X 的价格在市场 A 和市场 B 相同，则可以说套利过程已经完成"。但她同时认为，这种写法尽管简洁，却不能引起人们的注意力，建议改写成："在 1870 年，纽约和伦敦的市场上都有联合太平洋债券。问题是，两地是否以相同的价格出售该种债券？"

　　一种表述简洁明了，另一种表述具有描述性，上述两位经济学家并无冲突，前者说的是经济学的思维过程，后者说的是经济学写作的修辞学。两个人从不同的角度谈经济学，但都把自己所关注的方面强调得很重要。克鲁格曼认为，如果不打算饶有情趣地作这种思想实验，就根本不能作严肃的经济学研究。而麦克罗斯基则干脆地说：经济学家不把文章修饰好是不道德的表现。她将此项能力联系到经济学家如何做人上面了。把两个人各自强调的角度结合起来，实际上就构成了从事经济学研究的两个职业要求，或者说评价经济学家是否称职的两个标准。

克鲁格曼和麦克罗斯基都是公认成功的经济学家。克鲁格曼不仅因其对经济发展问题的研究而置身于重要经济学家行列（有一个关于世界经济学家的排名，克鲁格曼名列第 166 位），还因其最早对"东亚奇迹"提出质疑而被经济学界以外的广大读者所关注，并且以善于写作经济学短论著称，被认为是继加尔布雷思之后文笔最好的经济学家；麦克罗斯基不仅在英国经济史研究中硕果累累，更是以研究经济学修辞学、倡导经济学家写作美文而享誉重要经济学家的圈子。她本人的专栏文章，就是机智、丰满而且深刻的美文典范。值得一提的是，早期的麦克罗斯基是唐纳德·麦克罗斯基，后来因其选择改变了性别而成为戴尔德拉·麦克罗斯基，其实是同一个人。

相对来说，克鲁格曼在主流的经济学研究领域成就更高，而麦克罗斯基在研究经济学修辞学问题上表现更为杰出。后者对于经济学的思索颇值得重视，这从诺贝尔经济学奖获得者罗伯特·索洛的评价可见一斑："好好地想一想麦克罗斯基提出的问题，用你自己的答案与她争辩，你会因此而成为更好的经济学家。"所以，我们可以利用一下这两位经济学家的比较优势，分别看一看，在他们的眼里，经济学家应该怎样思考问题，怎样写好文章。

克鲁格曼认为，经济学理论绝不是某些声名显赫的人物作出的某种权威结论，而是那些具有深刻想象力的科学家，经过饶有情趣的思想实验，得出的关于经济过程内在逻辑的总结。当然，这种理论逻辑还要用事实来检验。但用事实来检验理论假说，决不意味着用对事实的表面观察代替深刻的思想实验。用他的话说："甚至要想知道哪些事实是相干的，也需要以提出假说的形式反复掂量所要检验的观点。"

实际上，克鲁格曼强调的是理论抽象的重要性。理论抽象之所以重要，是因为它告诉你的是事物本质性的逻辑，而不是一件、两件甚至许多表面的事实。美国有位资深记者，写了一部颇有影响的书《全球资本主义的躁狂逻辑》。这本书堆砌了一件又一件事实，声称全球供给正在超过全球需求，某些部门生产率的提高导致整个经济就业机会的减少。而克鲁格曼用热狗－小面包的思想实验，清楚地指出了这本书的逻辑错误：把单一市场逻辑等同于整体经济的逻辑（萨缪尔森称为"合成谬误"）。克鲁格曼指出，热狗生产者劳动生产率的提高的确可能减少该部门的就业，但更多的工人可以转而生产小面包。既然生产率的提高可以提高人们的收入水平，消费更多的热狗和小面包是合乎情理的，需求并不必然赶不上供给。

热狗－小面包的故事固然简单，但简单并不意味着简单化。实际上，热狗可以被置换为制造业，小面包可以被置换为服务业，进行思想实验的逻辑是不变的。相反，无论收集了多少事实，无论记者采访了多少当事人（热狗生产者也好，小面包生产者也好），都不能代替形成抽象的理论假说的思想实验。不懂得这种思想实验的人，无论他的名气有多大，吸引了多少普通的读者，他终究因为只是一个"票友理论家"（accidental theorist）而不可避免地陷入谬误之中。

麦克罗斯基强调的是，即使不能把经济学文章写得漂亮些，至少也要写得称职。而称职的基本要求在她那里具有道德评价的含义，因为任何研究工作者同时也应该是写作者。在其出版的《经济写作》（*Economical Writing*）一书中，她从十几个角度指导读者如何写好经济学文章，实际上是她自己在逻辑、修辞、段落结构等写作细节方面的经验之谈。但是更为基本的，而且对于使用英语的读者和使用其他语言的读者都有借鉴意义的忠告是，经济学家要读好书，包括读经济学之外的好书。她所建议阅读的作者包括简·奥斯汀和乔治·奥威尔、经济学家亚当·斯密、梅纳德·凯恩斯等。麦克罗斯基很肯定地认为，经济学家写不好文章的重要原因是他们不读好书。

读好书帮助人们提高写作水平，这不是很有新意的说教。但对于经济学家来说，把真理重复100遍也许不算过分。因为经济学家与不少自然科学家有时会在这个问题上产生共识，即认为他们研究

　　　　　　　　/ "卑贱者" 最聪明

工作的性质并不要求他们把文章写得漂亮。然而，读者对经济学家的期望，与他们对自然科学家的期望是不一样的。首先，经济问题是人人都愿意谈论的，或者说经济学界是票友理论家的天堂；其次，经济问题事关重大，"于善于恶都是危险的"（凯恩斯语）。于是，人们把经济学家使用专业术语看作故弄玄虚，而自然科学家使用专业术语则是天经地义的。经济学也因此得到"沉闷的科学"之誉。

经济学家具有文学修养，的确能够达到吸引对象的效果，无论这对象是自己的同行，还是广大的普通读者。从我的阅读经验来看，读好的文学作品，不仅在帮助经济学家发挥想象力、提高文字能力方面具有潜移默化的作用，有时直接借用经典文学作品的表述方法，也可以恰如其分地创造出一种引人注目的效果。

例如，克鲁格曼曾经发表过一篇题为《我们并非世界》（*We Are Not the World*）的短论，其标题就以一种辩论的姿态引起人们的注意——记得吗？有一首在国际范围流传的歌曲叫作《我们就是世界》（*We Are the World*）。而克鲁格曼文章开门见山第一句话又似乎在陈述一个真理："一个人所周知的事实是，日益增长的产品、资本和技术流动彻底改变了经济游戏的规则。"（It is a truth universally acknowledged that the growing international mobility of goods, capital, and technology has completely changed the economic game.）这个句子是借用简·奥斯汀《傲慢与偏见》的写法（注意：克鲁格曼与麦克罗斯基，甚至与梅格·瑞恩饰演的《网上情缘》中的女主角有相同的品位）。该书的第一句话是："一个人所周知的事实是，一个拥有财富的单身男人，必定迫切地需要娶妻生子。"（It is a truth universally acknowledged that a single man in possession of a good fortune must be in want of a wife.）

又如著名经济学家罗伯特·巴罗写过一篇对比香港和新加坡经济发展的短论，题目叫作《双城记》（A Tale of Two Cities），借用的是狄更斯名著的书名。不仅这种借用本身就使得文章的题目抓住了读者的注意力，而且当你读过全文，随作者一同观察了香港和新加坡两个城市经济的特点，以及理解了该文章比较的两个经济体的异同之处后，你会又一次拍案叫绝：好一个"双城记"。

做学问既是一种职业，又是一种生活方式。作为一种职业看待，要讲究职业道德；作为一种生活方式，需要活得饶有情趣。经济学是学问，经济学家要讲职业道德，也要有情趣。所以，经济学家不仅需要具备作抽象的思想实验的能力，也要读好书，读各种各样的好书，还要愿意并有能力写出称职的、好看的文章。

／ "卑贱者" 最聪明

经济学研究的结论和过程

在有关经济问题的讨论会以及经济研究成果的评议会上，有心人会注意到，人们在表达对一个作者、一篇文章或一部著作的赞同或反对时，经常使用这样的说法：这个观点好或那个观点不行。由此导致的相应结果是，一些成果因其观点而得到人们支持及至获奖，另外一些成果因其观点不为人们所赞赏而被冷落。这种现象表面看或许未可厚非，毕竟，任何研究活动归根结底是为了作出预期的结论，提出某种有价值的观点。经济学作为一门经世致用的学问，更被人们期望用以出谋划策、指点迷津。所以，观点的确重要。

但是，制造观点似乎太过容易了，甚至对非专业人士来说都是手到擒来的。从中国过去二十年的经济改革经历中，可以见到谋略纷纭、招数迭出，把经济学造就到"显学"的地位。然而，又有多少经济思想和观点，在颇为成功的改革中被证实起到了决定性的作用呢？更进一步，如果很难用实际效果直接评价所谓的"学术观点"，又凭什么说这个观点好，那个观点不行呢？

　　有人颇为尖刻地评论中国经济学和经济学家：国内优秀的经济学家干的是国外研究生的活儿，而蹩脚的经济学家扮演的是国外大师的角色。我理解这话的意思是说，我们的顶尖级学者通常规规矩矩地遵循规范的经济学研究过程，而不善于运用规范方法或不愿意费心费力这样做的学者，则往往热衷于制造"新观点"。这里多少有点误解的是，国外大师级的经济学家之所以作出贡献，并非靠灵感制造"新观点"，而是靠新的分析方法和角度。当然，成名之后，这些人中不乏"好为人师"者，对各种事物发表看法，但决不要将此与他们的真正贡献相混淆。

　　对我们吸收任何一个经济学家的精华来说，那个研究过程可能比最后的观点更为重要。耶鲁大学的托宾教授因其对金融市场及其与支出决策、就业、生产和价格关系的研究，而获得1981年诺贝尔经济学奖。获奖后，记者采访中要求他用通俗的语言表述其著名的证券理论。托宾教授在谈到资产选择多样化的好处时，用了下面的通俗表述："不要把你所有的鸡蛋放在一个篮子里。"此话传出后，整个世界的媒体都用了这样的标题予以报道："耶鲁经济学家因'不要把你的鸡蛋……'而获诺贝尔奖。"更有趣的是，托宾的一位朋友因此寄给他一张明信片，并预测下一年的诺贝尔医学奖将由这样一个人获得，他提出的观点是："每天吃一个苹果，让医生远远躲。"（美国谚语，英文为"An apple a day keeps doctor away"。）

按照我们常用的逻辑，托宾的观点究竟是"好"还是"不好"呢？如果我们不去从整个研究过程判断，托宾的"鸡蛋－篮子论"至少算不上太新的说法。其实，就如鸡蛋和篮子这样众所周知的道理，如果未被规范地论证和检验，对经济学来说充其量只能是一种假说。

与这个故事相对应，我们还可以发现经济学史上曾经有过这样一个事例，假说及结论都堪称惊世骇俗，而迄今为止人们之所以认为它是错误的，正是因为其研究过程的荒谬。100多年前，英国经济学家杰文斯提出并"证明"了，太阳黑子的变化造成英国的经济周期波动。这个假说与托宾的"鸡蛋－篮子"假说比起来，似乎更适合于与诺贝尔奖联系起来。而且，从今天厄尔尼诺现象对人类经济活动的影响看，太阳黑子产生类似的效果也不是绝无可能。问题在于，杰文斯教授在当时并不能把太阳黑子变化周期与经济周期从时间上对应起来，以至要求助于印度的农业收成与太阳黑子的相关关系，再拐个弯回到对英国经济周期的论证上面来。

有趣的是，杰文斯收集的数据和使用的计量经济模型，使他得出了统计学上经得住检验的结果。然而，他在计量经济学的应用中犯了大忌，即忘记了统计相关关系不能表明任何因果联系。得出关于事物之间的因果关系，是理论而非统计工作的任务，但如上所述，他的理论论证未能做到这一点。后人从杰文斯的这一经历中得到三点教益：其一，关于太阳黑子对经济周期的影响，可以留作一个经济学的"哥德巴赫猜想"，需要长期的努力去证伪；其二，计量经济学的教学中增加了一个生动的反面案例，给教授的第一节总论课提供了话题；其三，为关于结论的论证过程比结论本身更重要的立论提供了证据，成为本文写作的动机和针对性。

除了在对经济学成果的批评中，只有通过对研究过程的评价才能真正辨别一种观点是不是站得住脚，才能辨别一项成果的新意所在，才能避免在政策应用中被误导之外，学术争论也需要从研究方法和研究过程出发。我们常常看到，学术争论中公说公有理，婆说婆有理，争论双方都只是从各自的观点出发否定对方的观点。这样的争论就很难有任何结果，只会诱导出第三种、第四种……观点加入论战，以致"战斗正未有穷期"。

拿来结论而忽略研究过程，同样也是经济学借鉴过程中的误区。当中国的经济学家外语能力越来越强之后，从图书馆中，从因特网上，乃至从国外的大学里，我们可以获得取之不尽的经济学信息。这些经济学成果的应用性质会产生极大的诱惑，使得人们把相应的理论应用于对应的中国经济现象中来。许多青年教师和研究生用中国的数据检验国外经济学理论，已经成为写论文的固定模式。虽然这样做并不一定增进作者自己和读者对于中国经济的认识，却凭借其"规范性"而得到国外专业期刊的青睐。

此时，怎样吸取和消化这些信息就成为至关重要的事情。我们

　　　　　　　　　/ "卑贱者" 最聪明

经济学家该多下点功夫，在把菲利普斯曲线、科斯定理、库兹涅茨周期、庇古税一类的概念介绍和推荐给决策者之前，先把那些原创经济学家的研究过程弄清楚，把他们的研究背景与我们今天的条件相比较，自己对于其可借鉴性有了足够的把握再拿出手。更加科学的鉴别方法会提高我们借鉴的效果，更会减少错误的引导。

从澳大利亚在博弈论中"失局"所想到的

　　1994 年诺贝尔经济学奖授予了三位在博弈论研究中作出杰出贡献的经济学家。其中一位是美国加州大学伯克利分校的哈桑尼教授。由于哈桑尼教授曾经在澳大利亚工作和学习，一家叫作《澳大利亚金融评论》报纸的记者，专门采访了这位获奖者。采访中，除了对澳大利亚的老师和同事表示了恰当的敬意和感谢之情外，哈桑尼教授对这个国家的经济学氛围颇有微词，以致后来这篇采访稿发表时被冠以讽刺性的题目《澳大利亚——博弈论的输家》。尽管这个题目和采访内容，在澳大利亚的经济学家听来不甚顺耳，我们作为第三者，从中却颇可获得启迪。

　　简而言之，博弈论是关于策略决策的高度数学化的研究。在这种决策中，一个人的行动有赖于其他人的可能行为。例如，博弈中的对局者可以是多头垄断中的竞争方、面对不信任的金融市场的中央银行、冷战中拥有核武器的超级大国，以及对弈中的棋手。

　　"博弈"在英文中与"游戏"是一个词（game）。现在，人们

　　　　　　　　　　　　　　　　　　　　　　／"卑贱者"最聪明

既不难联想到博弈与游戏的联系，又能够辨别两者之间的不相干。然而，20世纪50年代哈桑尼初到澳大利亚时，很少有人懂得博弈论为何物。当他为了把握当时经济学的最新进展，而兴致勃勃地到堪培拉的澳大利亚国立大学，在图书馆查询博弈论这门新学科的代表性著作时，他找到了1944年美国出版的《博弈论与经济行为》。不过，这部由匈牙利人冯·诺依曼和奥地利人摩根斯坦所著的博弈论创始之作，被赫然放置在以"游戏与锻炼"归类的图书中，与球类、棋类、体育并列。这是哈桑尼教授透露的一件令澳大利亚经济学界尴尬的事。

更为尴尬的则是，澳大利亚的大学容不下研究像博弈论这样前沿学科的学者。1950年哈桑尼以流亡者的身份从匈牙利来到悉尼时，已经获得了布达佩斯大学的哲学博士学位。但很快他就被告知，他的学位以及他的博士论文不会被这个国家的学术界所承认。于是，哈桑尼一边在工厂里打工，一边重新攻读经济学的硕士学位。然而，即便如此，由于这位操着浓厚的匈牙利口音、穷困潦倒的流亡者所研究的领域"太新了"，以致不能得到澳大利亚同行的恰当评价，他竟始终未能获得一个教职。终于，20世纪60年代初期，哈桑尼"跳槽"到了美国颇负盛名的加州大学伯克利分校，从那里，最终成为世界级的经济学大师。

在谈到对澳大利亚经济学界的印象时，哈桑尼教授不无遗憾地说，那里颇有一些狭隘的门派成见，对于新思想，难免持有一种孤陋寡闻的小家子气。采访的记者直言不讳地把这席话转告给了澳大利亚的读者，潜台词是：澳大利亚本来可以出一个诺贝尔经济学奖获得者的，然而却拱手把人才让给了美国，结果在博弈中失了局。

依我看，这位记者大可不必懊恼，反而该庆幸正是哈桑尼的离去，使其找到了能够孕育诺贝尔奖获得者的学术土壤。设想一下，如果哈桑尼留在澳大利亚，以那里的学术环境，也许一个天才就被埋没了。这篇采访十分有意义，它告诉我们一个能够公正、宽容地评价学术成果的氛围是多么重要。

联系到中国的经济学界，改革开放为经济学创造了广阔的学术空间和空前的活跃气氛，然而，在中国经济学研究水平大幅度跃升的同时，学术评价机制却仍然不够健全。

曾几何时，决策者的偏好和青睐成为经济学评价的最高标准。最近，又形成了一种气氛，把经济学价值的评判权授予了新闻记者或电视节目主持人。从经济研究学以致用、为现实的改革和经济建设服务的角度说，政策制定人的评价不失为有益的参照系。经济学家要通过媒体宣传自己的观点，也无可厚非；被记者采访越多，在新闻媒介上面曝光越多，经济学家的知名度越高，也是必然的。但是，我们还缺少一个经济学家内部的、善意却直言不讳的批评机制。也许，已经被其他评价机制捧红的经济学家，面对这种批评机制会感到不习惯、不舒服，但对于培养出中国的经济学大师、中国经济学走向世界这两个令人向往的目标来说，这种批评机制的建立却是真正的希望所在。

由华盛顿榆树想到经济学发展的南北互补

位于美国西北部美丽城市西雅图的华盛顿大学校园内，有一株枝繁叶茂的参天大树，该校师生称其为华盛顿榆树。这棵榆树是于20世纪初从东部马萨诸塞州的剑桥嫁接到该校校园的，所以最初也可以说是女儿树。传说华盛顿将军曾经在剑桥的母亲树下向大陆军发布命令。20年后剑桥的榆树不幸枯死了，剑桥人又从华盛顿大学的榆树剪枝嫁接回去。有趣的是，40年后的1963年，华盛顿大学的榆树也死了，于是再次从剑桥嫁接回来。这棵榆树至今仍然耸立在校园里，伴着风声向行色匆匆的师生们讲述传奇故事。

我在华盛顿大学做访问学者期间，每天都要几次经过这棵华盛顿榆树。我总在想，根本目标一致的两个竞争对手之间，并不必然是你死我活的关系，相反，常常是在竞争中而共同生存，一损俱损，一荣俱荣。甚至在人们往往用"大鱼吃小鱼，小鱼吃虾米"来形容的市场经济中，竞争的本质也是效率而不是淘汰。没有竞争，必然是没有效率的；有了竞争，未必就水火无情。

中国的科学和文化，历史上从来是在南方与北方学问的竞争、互补中而共同繁荣和发展的，类似国画界"南潘（天寿）北李（苦禅）"的说法，几乎在所有的行当中都有所闻。改革开放20余年来的社会科学，特别是我所熟悉的经济学，更是在南北方学者的共同努力下得到突飞猛进的发展。根据我许多年的观察，南北方经济学家之间的竞争，推动了经济学的长足进步。而南方人的细腻、北方人的粗犷也都反映在两地学者做学问的过程中，以至竞争过程中的反差更多地表现为互补性。

　　迄今为止中国的改革开放，具有从南到北、由东及西的区域性推进特点。得天时、地利、人和之利，东南沿海地区创造并积累了丰富的改革开放经验。相应地，无论从理论指导实践的角度，还是从实践丰富理论的角度，沿海各省市的经济学研究都显示出勃勃生机，引导着理论创新的潮流。

　　浙江省物华天宝、人杰地灵，改革开放以来更是以其制度创新经验的丰富性著称。人们首先会想到的是其著名的乡镇企业"温州模式"。这个模式不仅仅是依靠私人经济的力量繁荣一方水土的发展经济学经典案例，还是顺应制度需求的变化而不断创新的制度经济学实验场地。实践的这种创新性，反映在经济学研究中，就形成了浙江省经济学家的务实特点。我本人一直与浙江省的经济学界保持着密切的联系，也与浙江省的经济学家保持着无间的友谊，从中我获益良多。

　　　　　　　　　　　　　　　　　　／ "卑贱者"最聪明

《浙江社会科学》一直是我喜爱的学术性杂志之一。我和我的一些同事也乐于以自己的研究结果为该刊撰稿，一些拙作曾有幸于该刊面世。这本杂志虽然不是封闭性的，但也更多地表现出浙江省社会科学家的研究特点。我希望它成为南北学者交流思想、切磋学问的一个园地，给全国的社会科学家提供机会，用南北两地的养料共同哺育中国社会科学。

知识的矛盾与矛盾的知识

　　我们正在迎接知识经济时代。但知识这个东西，无论从概念上定义，还是在生活中的表现，都表明是具有多面性或多维度性的。例如，我们很容易罗列出一对又一对与知识相关的矛盾：传统知识与现代知识、本地知识与全球性知识、情感化的知识与理性的知识、利益相关的知识与超脱的知识……这一对对知识的矛盾，是对立的还是互补的，会不会把知识本身变为普遍矛盾的东西，在很大程度上取决于我们能否真正了解这些矛盾，并且学会应对它们。换句话说，作为进入知识经济时代，并能够从中真正受益的前提条件，我们首先需要掌握关于"矛盾"的知识。

　　说到矛盾，我们中国人最容易联想到"以子之矛攻子之盾"的悖论。问题在这里似乎是矛盾被形象化为"攻击性的"与"防御性的"。而有趣的是，知识的矛盾的确常常具有"攻击性"和"防御性"两种特征，甚至说是两种功能。例如，美国一位农业科学家拿了洛克菲勒基金会的钱，到墨西哥去传播"现代知识"，墨西哥农民却拒绝接受这种"知识",而固守其"传统知识"。如果不能了解关于矛盾的知识,这位农学家要么回家卖红薯去,要么强制向墨西哥老乡推销其"现代知识"。绿色革命的后果证明,强制性的技术推广,往往带来许多科学家所始料未及的负面效果。

后来还是经济学家舒尔茨,为这个知识的矛盾提供了一种理论解释。在舒尔茨的名著《改造传统农业》中,他指出贫困经济中的农民在他们所具有的生产要素特征和外部环境约束下,已经把资源配置得尽善尽美了。任何一个来自发达国家的专家,在不改变现有约束的条件下,都不可能为当地农民提供真正有用的知识,以帮助提高农业生产水平。所以,改造传统农业的核心是引进新的、与本地条件相适应的生产要素。否则,无论外来的专家在他自己的国家曾经多么优秀,都不可能对改造传统农业作出贡献。

我们可以发现无数"知识"导致灾难的史实。以经济学这门知识为例,一旦知识运用不当,其造成的后果可谓贻害无穷。在西方,有一个有趣的故事:当工程师、经济学家和外科医生争论谁的职业最古老时,外科医生不无自豪地说,上帝取亚当的一根肋骨造出夏娃的手术正是他们做的;工程师声称他们的职业更古老,因为在上帝创造人以前,他们首先完成了把天与地分开的创世纪工作;经济学家则提醒说,上帝创造世界之前,只有混沌与混乱,而那当然是经济学家的作为。

不幸的是,经济学知识制造混乱,已经不再是经济学家的自嘲,而正在不断地成为事实。1997年获得诺贝尔经济学奖的两个金融天才，通过自己开创的关于金融衍生工具的知识，以及索罗斯一类的金融狙击手对这种知识的裕如运用，不仅把东南亚经济搅个天翻地覆，而且几乎把世界经济推向紧缩的边缘。"知识"的威力，由此可见一斑。

不能恰当地对待知识所导致的危害，影响甚至可能远远比上述事实更为深远。新中国成立之初，当我们确定工业化战略时，经济学教条和直观的知识都告诉我们，推行一个重工业优先发展的战略是最佳的选择。例如，从经济学的教条来看，西方理论中有所谓的"霍夫曼定律"，认为重工业比重高标志着工业化的更高阶段；同一社会主义阵营的理论中有所谓的"菲尔德曼模型"，认为优先发展重工业可以突破以农业经济为主的国家在工业化过程中的市场瓶颈。从直观角度看，当时的国际经验的确表现出，越是发达的国家，越是具有较高的重工业比重。

然而正是由于选择了这样一种重工业优先发展战略，导致不得不扭曲产品价格、工资、利率和汇率等一系列资源配置必需的价格信号，进而又要建立高度集中的资源计划配置制度，还要剥夺工农业生产单位的经营自主权。这种体制模式所造成的生产者缺乏积极性、计划者缺乏准确信息、整个经济体系缺乏效率的结果，已经为人们所熟知。而改革开放以来所取得的成就，与其说源于每一项具体的改革措施，不如说根本上是由于重工业优先发展战略被逐渐放

　　　　　　　　　　　／ "卑贱者" 最聪明

弃。其实，改革也是一个以中国的国情克服知识的扭曲或矛盾的过程。

当西方国家提出知识经济的概念后，国内学者和决策者竞相谈论，而且颇有迹象表明，一个以知识经济为目标的赶超战略又要被推动起来。我绝对不想担当阻挠民族科学技术发展之罪责，也不怀疑了解、研究乃至借鉴发达国家知识经济发展战略的重要性。但是，我也不禁由此联想到以往数次的类似热潮，譬如20世纪50年代末的"超英赶美"、70年代末的"洋跃进"、80年代中期的"第三次浪潮"，等等。联系到历次运动的实际后果，究竟应该将它们看作是头脑发热呢，还是这种游说归根结底是为部门争取资源的行为呢？

改革以来的中国经济高速增长，在很大程度上得益于所具有的巨大趋同空间。也就是说，由于我国与发达国家之间存在着技术差距，通过引进的方式廉价地获得适用技术，更有利于集中稀缺资源发展经济。在我们目前的发展阶段上，把技术赶超作为一个战略，无疑是通过过早地，从而也很可能是低效率地把自己推到技术创新的前沿上，削弱本来可以为今后几十年经济增长作出贡献的"后发优势"。前事不忘，后事之师，在决策者把有限的资金用在实施某种赶超战略之前，先要对知识的矛盾做一番研究，至少需要掂量掂量为此可能付出的代价。

经济学家的性格会影响他们的结论吗?

在以往的阅读中，我遇到过有关经济学家的思维方式是否与众不同的猜想。例如，有两位大学里的经济学教师，曾经在学生中做了一个试验，目的是看在他们设计的游戏中，学经济的学生与非经济学的学生是否有不同的表现。他们把接受试验的学生每两个人分为一组，学生自己决定如何在两人中分配 10 美元。两个人分别作为决定人和接受人，前者提出一个分配比例，后者作出同意与否的反应。如果接受人不同意决定人的分配方案，则两人 1 分钱都得不到。

试验做下来，结果是学经济的大学生通常接受得少而保留得多。也就是说，当他们作为接受人时，最少可以接受 1.7 美元的分配；而当轮到他们决定分配时，他们则要给自己留下 6.15 美元。非经济专业的大学生则与之不同，他们接受的分配最少为 2.44 美元，而留给自己的数量是 5.44 美元。由此可见，学经济学的与不学经济学的两类人，思维方式和行为策略上是有一定的差异的。做这项试验的人得出结论是：经济学家更为"理性"。

更有趣的是，在做这项试验时，无论对于一年级学生还是对于四年级学生，结论并无差别。也就是说，当一个人决定要学经济学而实际上尚未学到什么东西时，就已经与他人有所不同。这个结论不由使人猜想，或许经济学家有着某种或多或少与众不同的个性。

思想史上关于人类未来的悲观主义与乐观主义之争，也反映出经济学家与其他领域的学者之间的不同。粗略地观察，人们总是这样概括：有着自然科学背景的学者，倾向于对人类未来持卡桑德拉式的悲观态度（卡桑德拉是希腊神话中的悲观女神，传说为特洛依国王之女，能预知祸事）；而经济学家则更像是美国作家波特小说中的人物波利安娜，遇事过分乐观。

例如，有人将与人口、资源、环境相关的争论观点概括为四大流派：新马尔萨斯主义流派、谨慎的悲观主义流派、谨慎的乐观主义流派、技术和经济发展的热情倡导派。新马尔萨斯主义的代表论著有未来学学者福斯特的《生存之路》和罗马俱乐部的《增长的极限》。谨慎的悲观主义流派的代表人物之一，是美国世界观察研究所所长布朗。以上作者要么干脆不是经济学家，如福斯特、麦多斯等，要么很难称得上是经济学家（如布朗）。谨慎的乐观主义以及技术和经济发展的热情倡导派，则以经济学家舒尔茨、西蒙和福盖尔等为代表。

以上判断充其量可以在统计学的意义上站得住脚，而绝非处处适用，可以按学者的专业领域对号入座。经济学家中对人类前途持悲观态度的就大有人在。毋庸置疑，经济学家对人类经济活动造成的影响，从而今后的命运所持的观点，归根结底来自每个人的教育背景、学术经历和研究方法。但在这之外，或多或少地是否受到个性的影响呢？对"卡桑德拉与波利安娜之争"作出评价，以及严谨地探讨性格对经济学家学术思想的影响，都不是本文的目的。这里，只是通过两个经济学家的故事非正式地提出这个猜想。

就像马尔萨斯和李嘉图生活在农业经济占统治地位的时代一样，杰文斯认为自己生活的时代是"煤的时代"。并且，就像马尔萨斯和李嘉图出于对土地资源有限性的担心，对粮食增长和对人类前途存在恐慌和忧虑一样，杰文斯面对工业活动对煤炭资源的开发也忧心忡忡。他警告人们，很快地，煤炭资源就会枯竭。到那时，人们引以自豪的工业增长必将停滞。除了后来的历史发展证明煤炭的储量远非当时人们所观察到的那么有限，而且很显然，既然杰文斯生活在"煤的时代"，他也就未能预见石油、太阳能和核能对煤的替代。

然而有趣的是，许多评判家指出，杰文斯天生具有夸大事物的个性。煤炭资源将会枯竭这个想法使他陷入杞人忧天的境地，竟至寝食不安。更有趣的是，杰文斯对纸的供给有着类似的担忧，因而买下大量的包装纸和信纸。他囤积的纸张数量如此之大，以至在他去世50年之后，他的孩子们还没有用完家藏的纸张。

20世纪20年代末的一天，美国威斯康星大学经济系教室的黑板前，趁着教授尚未进入教室，两个研究生半认真、半开玩笑般地

　　　　　　　　　　　　　／ "卑贱者" 最聪明

计算出一个有趣的结果：如果全世界的人口挤在一起站在地面上，只需要威斯康星大学所在的丹尼县的一小部分面积就足够了。这个看似玩笑的独立思考，其实极富挑战性。半个世纪以后，两个研究生中的一个，已经成为世界级的经济学大师。并且，他对人类知识产生的影响，与那次智力型的玩笑不无关系。

这个人就是著名的经济学家、人力资本理论之父舒尔茨。在一本书的前言中，他指出："人口质量和知识投资在很大程度上决定了人类未来的前景。当人们考虑这些投资时，地球物质资源将会耗尽的预言就必然被抛弃。"这可以看作是乐观主义经济学家对于人类前途，以及经济发展可持续性的典型回答。

经济学家为什么倾向于奉行"经济学帝国主义"？

　　社会经济现实本来是没有界限的，由于人类能力具有局限性，为了人们研究的方便，社会经济问题便被人为画地为牢，纳入各种各样的社会科学学科。随着人们向研究的深度进军，已经划分的传统学科仍然有继续细化的趋势。与此同时，随着研究技术手段的改进，以及专业化知识的逐渐积累，人类的抽象思维能力应该提高，从而社会科学也形成另一个趋势，即综合的趋势。作为这个终极目标的一个阶段或一种准备，跨越学科的研究和学科间的渗透不可避免。我们不妨把这种现象称作正当的跨学科和学科间对话。我国的社会科学研究当然也表现出这种趋势。

　　跨学科研究需要两个基本条件，一是研究者个人条件，即必须真正具备所涉及学科的基本训练，掌握相关学科的理论和方法的发展趋势；二是整个学科的发展水平，即研究者作为出发点的学科是否具备足够发达的水平，以至跨学科成为一种学术发展规律作用的必然结果。所以，一般来说，跨学科研究或所谓"学科的帝国主义"

　　　　　　　　　　　　　　　　　　／ "卑贱者"最聪明

首先产生于那些相对发达的学科。或者说，跨学科研究中作为出发点的那个学科应该具有较高的发展程度。

经济学常常表现出这种"帝国主义"倾向。美国经济学家加里·贝克尔，从经济学基本假设和分析框架出发，对种族、婚姻、犯罪等一系列社会问题进行研究，就是一个典型的例子。我国经济学家也出现了某种程度的"帝国主义"倾向，例如用一些经济学理论框架解释社会、文化、历史等现象。有付诸文字的，也有流传于讲坛的，影响不可谓不大，以致冒犯了相关学科的学者，促成若干桩学术公案。为什么经济学家容易奉行学科的"帝国主义"态度，为什么会出现从经济学出发的跨学科公案呢？我以为有几个原因。

第一，过去这些年我国经济发展的成功及其人们对之表现出的关注，使得经济学获得了一个"显学"的地位。作为改革开放20年的结果，经济学得天独厚，享有十分特殊的制度变迁经验，成为最活跃的学科之一，进步的确很大很快。特别是随着经济现象、经济形势越来越与每一个人的生活发生直接的关系，对经济学家的需求越来越大，这个行当学者发言机会越来越多。当他们到了别人家的地块上，很容易发现或者自认为别人的地种得不好。

第二，经济学的确有它的一个优势，即一旦接受并习惯这个学科的经济理性假说，就比较容易将其应用到对许多非经济现象的解释上面，而且往往具有较强的解释力和逻辑上的一贯性。经济学经世济用的特点，以及经济问题常常成为社会热点，也使该学科天生具有一种侵犯的性格。

第三，现代经济学高度的数学化，令许多经济学家对在本学科的进一步深入研究望而却步，强烈地感觉到智力投入的边际报酬递减。这时，及早把投入转向另一个看似不那么肥沃的土地，似乎可以提高边际收益。

我认为目前经济学这种跨学科倾向很可能属于不正当的，需要对其有几分戒备。首先，经济学家天生具有破坏性。西方有一个笑话，讲外科医生、工程师和经济学家争论谁的职业是最古老的。外科医生首先提醒说，别忘了人类是怎么产生的。当初上帝取亚当的一根肋骨造出夏娃，那个手术当然是外科医生做的。工程师不同意："你们记得在那以前上帝先创造了世界，完成把天与地分开的工作，除了工程师还有谁能做到呢？"经济学家则更为自豪地说："上帝创造世界之前，只有混沌与混乱，想一想那是谁造成的？"

其次，中国经济学整体发达程度，以及经济学家个人素质都还不具备把社会科学综合集成的条件。毋庸讳言的是，中国经济学看上去明显的进步，在很大程度上来自其"后发优势"，即传统经济学与现实严重脱节，与现代经济学不接轨。所以一旦开始接轨的过程，"拿来"的机会非常多，收益也十分显著。从绝对水平看，中国经济学与国际水平之间的差距还是巨大的，特别是从经济学家队伍的整体状况看更是如此。而从中国经济改革和发展对经济学的需求来看，经济理论更是不尽如人意。此外，毋庸讳言的是，我国大多数经济学家的人文素养还是十分不足的。

事实上，由于我国经济发展和改革速度之快，从而赋予经济学一种特殊而有利的供求状况，在某种程度上成为"显学"。又由于起点较低，奉行"拿来主义"十分容易，所以经济学家读书只须浅尝辄止。这也就是为什么直到今日，经济学家仍然被认为是读书最少，对其他社会科学和人文科学的了解较差，从而也是最缺少知识分子气质的一伙人。

由此可以得出的结论是，中国经济学的发展尚未达到奉行"经济学的帝国主义"的水平。我们自己家里的"自留地"还有待更好地侍弄。

一旦出现了这种不适当的跨学科或冒犯怎么办呢？其实，我们迄今为止说经济学家还不够资格奉行"经济学的帝国主义"，仅仅是一种假说，或者仅仅对经济学家整体而言，决不敢断言发生的"帝国主义侵犯"一定是不合时宜的。所以，一方面，学术刊物和出版社应该建立一个"篱笆"，用学术规范减少经济学家侵犯的机会，抵御不正当的学科侵犯。经济学家是非常理性的，既然我们自己也知道，在存在制度缺陷的条件下，机会主义行为或所谓的"道德风险"最容易发生，那何不利用一下这个机会。所以，你也可以把经济学家不适当的冒犯，看作像索罗斯对发动金融狙击的解释一样，算是提个醒。

另一方面，我建议对待任何时候发生的，由任何学科学者发动的这种侵犯，应该避免采取一种乾隆皇帝式的态度。18世纪末一位英国贵族，花了一年的时间，把乔治三世送给乾隆皇帝的礼物运到中国。礼物总共有600件，其中不乏一些反映当时英国科技发展水平而中国没有的物品，如天象仪、地球仪、数学计算仪器、航海用的经线仪、望远镜、度量仪器、化学仪器、玻璃制品、铜器和其他制品。当这些礼物送至皇宫时，那位负责此事的官员却对送礼人说：我们哪有地方放你们这些淫巧奇物，况且我们也不需要贵国制造的任何物品。以此为鉴，我对遭到冒犯的兄弟学科的朋友有个建议，不妨把经济学家的侵犯视作一种礼物，合则用，不合就把它束之高阁。

/ "卑贱者" 最聪明

经济学家与"阿堵之物"

在以前的一篇短文中，我曾经把当今的中国经济学家划分为三类：一类从事与基础理论和方法论有关的纯学术研究，一类着眼于宏观层面的政策性、对策性经济研究，一类直接服务于企业、地方政府和部门。对这三类经济学家，我并不特别地褒一类贬一类，而是认为三类人各有各的不可或缺的作用。不过，社会上对服务于特殊的利益集团的经济学家，往往以为其收取的高额报酬近乎不义之财。对此看法，我感到有做一个澄清的必要。

我们且以经济学家为企业服务，并从企业家那里取得收入为例。通常，这类服务有两种目的。一种是作为企业的顾问，为企业发展事业进行战略性的或策略性的谋划。国有企业也好，私有企业也好，如果企业认为经济学家的出谋划策能够直接地或间接地转化为生产力，那么付给经济学家顾问令人眼晕的高额报酬，纯属天经地义。拿了企业家钱的经济学家也丝毫不必扭扭捏捏，更不必自觉欠了企业家的情。还有一种服务是为特殊的企业目的而论证某种政府政策的必要性。这种事情做起来就需要小心一点了。

政府是经济政策的唯一供给者，企业却是经济政策的需求者之一。经济学家作为利益中性的一方，通过独立的研究提出并建议政府实行这一种而不是那一种经济政策，是当仁不让的职责，尽管有些经济学家不尽愿意直接提出政策建议。社会并不要求经济学家的政策建议一定是不偏不倚的，没有明确的利益倾向。事实上，不同的经济学家从不同的利益角度提出政策建议，终究要达到某种利益均衡，提供给政府作政策抉择所需要的信息。

但是，经济学家做这种游说活动的前提，应该是事先进行科学的客观的研究，确信自己的结论是有利于全社会生产力发展的。如果出发点不是如此，而仅仅是换取企业的或利益集团的报酬，则对社会可能是有害的。因为有的时候，越是垄断的行业，企业家越是有钱，越是付得起大价钱，雇得起更多的、更好的游说经济学家。一旦经济学家为钱而做研究，经济研究不是客观的、严肃的，利益均衡就可能被打破，并且可能产生对社会总体不利的政策引导。

美国有位大牌经济学家叫巴罗，曾经有过经济研究与"阿堵之物"的故事，可能对我们会有所启发。许多医生都论证过被动吸烟的危害性，也提供过不少"证据"，并建议政府作出相应的立法，进一步剥夺吸烟者的权利。巴罗并不是一个"瘾君子"，也颇不喜欢别人当着他的面吸烟，但认为，如果被动吸烟危害性的证据并不充分，盲目地要求政府做出积极的反应可能欠妥，甚至可能是危险的。于

　　　　　　　　　　　　　　／ "卑贱者"最聪明

是他收集并仔细研究了医生们关于被动吸烟危害性的"证据"，发现其在统计学意义上并不充分，并写了文章公布了结果，表示反对政府为此作出任何进一步的规制。

文章发表后，巴罗的一位医生朋友告诉他，自己是同事中唯一相信巴罗没有收取烟草公司报酬的。还真凑巧，事后果然有烟草公司准备把巴罗的文章收入公司的宣传材料，并给巴罗写信，表示愿意支付一笔稿酬。一方面，巴罗自信所做的是严肃的研究，没有不希望别人宣传的道理。另一方面，他也担心唾沫星子能淹死人，为是否允许企业使用他的文章并收取"润笔费"而犹豫不决。最后，他请一位经济系的同事帮助出个主意。这位同事给他提供了一个经典的经济学家式的方案：主要看那家烟草公司能够出多少钱，如果稿酬高到足以弥补由此产生的麻烦，就不妨接受企业的请求。事情的结果是，巴罗没有允许烟草公司使用他的文章做宣传，当然也没有拿那笔酬金，原因是那笔钱还不足以补偿因此造成的"名誉"损失。

巴罗认为自己对于被动吸烟与政府规制的观点是正确的，也不认为允许烟草公司转载文章并收取稿费有什么不妥。但他终究还是缺少了点儿勇气，在激励不足够大的情况下，担心为千夫所指而退缩了一步。不过，我倒是觉得巴罗的做法具有更深的含义。只需把这件事情与另一种情形相比。如果一个经济学家受命为烟草公司辩护，寻找证据否定被动吸烟的危害性和政府作出规制的必要性，而从企业那里获得一笔丰厚的报酬，却不顾事实究竟如何，则他的取财之道就不正当了。

第二编

公共政策的制定

谨防中西部陷入"梅佐乔诺陷阱"

梅佐乔诺(Mezzogiorno)在意大利语中的含义是正午阳光(相当于英语 Midday),指意大利半岛的南部外加西西里和撒丁岛,或泛指意大利南部。该地区传统上以农业经济为主,与意大利北方存在很大的发展差距。在发达国家,意大利南北差距算得上是少见的案例了,所以一直是增长经济学家的关注对象。无独有偶,在德国统一以后,该国东部与西部地区的发展差距长期得不到缩小,堪与意大利的南北差距相比,因此,经济学家写文章说欧洲有两个梅佐乔诺,文章标题就叫 *Two Mezzogiornos*。

细观发达国家的这两个地区差距持续存在的案例,可以发现一些共同点。首先,不能说中央政府没有给予这些相对落后地区以高度的重视,甚至说两地区的一个共同之处就是,它们都享有大规模来自中央政府的转移支付,获得大量的资金投入。其次,恰恰是中央政府对这些地区的特殊关照,促成了这些地区形成与其资源禀赋不相适应的经济增长方式和产业结构,导致就业不充分、收入分配不均等。虽然这些地区在一段时间里得益于投资因素，获得了一定的经济增长，看上去与其他地区的差距在缩小，但是，最终这个经济趋同的趋势并未得以持续，最终又回到了原来的轨道上，意大利南北方和德国东西部之间，地区差距迄今继续存在。因此，我把这种现象叫作"梅佐乔诺陷阱"。

经济学中所说的"陷阱"实际上是一种"均衡陷阱"，是指一个经济体长期处于某种发展状态（通常是不发展状态），即使由于某种外力的推动，一度改变了原来的状态，或摆脱了初始的均衡，却总是有一种内在力量将其拉回到原来的均衡上面，使整个经济体长期处于恒定状态，既难以自拔也难以借助外力解脱出来。其实，观察经济史我们可以发现，经济发展特别是落后经济的赶超，并不存在这样一个宿命的"均衡陷阱"，而是或者由于体制的束缚或者由于发展战略的缺陷，从而使一种经济均衡难以被打破。

"梅佐乔诺陷阱"的存在实际上是源于这样一种区域发展战略：它为落后地区提供了赶超所需的物质资源，却没有提供必要的人力资本和体制保障；提供了发展的外部推动力，却没有建立起落后地区自身的发展激励机制；外部输入的物质资源短期内固然可以促进经济总量的一时增长，却由于这种增长没有遵循该经济体的比较优势，因而所形成的产业结构并不能保证增长的可持续性。

处于这种均衡陷阱的两个欧洲"梅佐乔诺"地区又有一些差异之处。例如，由于意大利南部是从传统的农业经济起步开始赶超的，

　　　　　　　　/ "卑贱者" 最聪明

它面临着二元经济转换的任务；而德国东部是从原民主德国的计划经济体制出发进行赶超的，它面临的更多挑战是以发育市场机制为核心的体制转轨。有趣的是，这两个经济后进地区所分别面对的主要任务，合并起来恰好是中国中西部地区所面临的双重转变，即一方面是二元经济结构的转换，另一方面则是从计划经济向市场经济的转轨。因此，两个"梅佐乔诺"的发展教训，对于中西部地区旨在赶超的战略实施，具有重要的借鉴意义。

21世纪以来，中央政府实施了促进中西部地区加快发展的各种战略，如西部开发战略、东北等老工业基地振兴战略和中部崛起战略。在这些战略的实施中，中央政府通过各种项目，包括基础设施建设、生产能力建设投资、社会保障和公共服务项目的补贴等，对中西部提供了大规模投资、转移支付和其他财政支持，大幅度改变了资源投入的区域配置格局。例如，中西部地区全社会固定资产投资总额占全国的份额，从2000年的41.2%提高到2008年的48.1%，而其中国有经济的部分，则从占全国的47.0%提高到58.2%。这有力地促进了中西部地区的经济增长和社会发展，西部地区呈现出对于东部地区的趋同。

以2003年为转折点，1998～2003年，分省计算的人均GDP基尼系数趋于稳定提高，未加权的人均GDP的基尼系数从1998年的0.319提高到2003年的0.341，而经过人口加权的人均GDP的基尼系数同期从0.255提高到0.283，都在2003年达到最高点。此后，未加权的人均GDP的基尼系数从2003年的0.341下降到2007年的0.305，经过人口加权的人均GDP的基尼系数同期从0.283下降到0.265。这种地区差距缩小的现象，是自20世纪90年代以来从未发生过的，无疑折射出区域发展战略的实施效果。

是否中西部地区在与沿海地区趋同的道路上，从此就一路高歌了呢？既然有了两个"梅佐乔诺"的前车之鉴，我们及时地来关心一下中国中西部赶超的可持续性，担心一下会不会出现一个中国版的"梅佐乔诺"，应该不是杞人忧天，从一些已经显示出的情况看，甚至都算不上是未雨绸缪了。具体来说，在中西部地区高速增长的画面上，我们看到了一些令人担忧的现象，必将在未来困扰该地区的可持续增长。

最先观察到的现象是，在制造业发展重心从沿海地区向中西部转移的同时，劳动力流向仍然是相反的，继续着长期从中西部向沿海地区转移的模式。2000～2003年，东部地区工业增加值的年均增长速度为20.8%，高于中部的13.3%和西部的15.3%。然而，2003～2007年的状况就截然不同了，东部地区工业增加值年均增长23.6%，虽然有一定的加速，但是，中部和西部地区的年均增长率分别迅速提高至24.1%和26.3%，都超过了东部地区。然而，各种资料显示，除去金融危机早期出现的短暂农民工返乡外，劳动力流动的模式没有随工业配置格局的变化而变化。这种不一致暗示一种判断：中西部的崛起不是劳动密集型产业带动的。

　／ "卑贱者"最聪明

接下来的观察便印证了这个猜想。中西部地区制造业的资本密集程度，具体指标就是资本劳动比。该指标在 2000 年以后是迅速上升的，速度大大快于沿海地区，而且经过 2003 年和 2004 年的快速攀升，资本密集化的绝对水平已经高于沿海地区。也就是说，中西部地区制造业变得更加资本密集化、更加重化工业化了。与此同时，中西部制造业工资水平提升也过快，2000 ~ 2007 年，中部和西部地区工资增长率分别比东部地区高 24.9 个百分点和 13.5 个百分点。这个趋势是正常的吗？对中西部地区增长的可持续性会产生负面效应吗？我的回答是肯定的。

2008 年西部地区的人均 GDP 为 15951 元，中部地区为 18542 元，东部地区为 36542 元，也就是说西部和中部的人均收入水平，分别只是东部的 44% 和 51%，差距仍然显著。以人均收入定义的发展差距，本身暗含着一个资源禀赋结构上的差异，即发达地区具有相对丰富的资本要素，从而在资本密集型产业上具有比较优势，而相对不发达地区则具有劳动力丰富和成本低的比较优势。时至今日，从农村转移出来的劳动力仍在大规模地从中西部向沿海地区流动这个事实，证明上述结论仍然是有效的。这意味着，东中西地区之间存在的资源禀赋结构差异，本可以成为中西部地区经济赶超的机遇，但是迄今为止没有成为现实。

随着东部地区劳动力成本的提高，劳动密集型产业在这些地区的比较优势逐渐减弱。按照传统雁阵理论的预期，劳动密集型产业将渐次转移到其他劳动力成本更低廉的国家，而事实上，近年来也的确出现了新的外商直接投资转而流向印度、越南、柬埔寨等国家的趋势。虽然这种外资流向的变化并不足为奇，但是，由于中国地域辽阔、地区之间资源禀赋差异巨大并处在不同的发展阶段，更为合理的雁阵模式应该主要不是国际版本而是国内版本，即中西部地区凭借自身的资源比较优势，延续劳动密集型产业。

然而，迄今为止中西部地区没有走劳动密集型的路径，而是呈现制造业的日益资本密集化，其原因主要是，这些地区工业化加速的方式具有强烈的政府主导型和投资驱动型的特征，在某种程度上是整个国家传统经济发展方式的复制。如果我们吸取国际上的教训，避免中西部地区的赶超陷入"梅佐乔诺陷阱"，就应该及时调整区域发展战略，将这些地区的发展拉回到比较优势的轨道上。

/ "卑贱者"最聪明

"雷尼尔效应"与地区差异

　　如今，我们真正感受到自己生活在一个信息时代。世纪相交之际，国家实施西部开发战略的决定产生了一呼百应的效果，一时间可以在各种媒体上读到、听到、看到关于西部开发的讨论。仅仅由于耳濡目染，每一个人都有可能成为西部开发的专家或爱好者。我自己就有种表达意见的欲望，特别是听到一些不以为然的高论时。

　　前几天在电视上看到一个专家访谈节目，其中一位专家的观点引起我的兴趣。他把美国犹他州打破常规，不在一般产业上做文章，而着力发展高科技的信息、网络经济的经验，当作一个落后地区赶超发达地区的例证，并与我国西部开发相类比，主张中西部地区不要走常规的发展道路，而是选择一种高科技的方向，直接超越东部发达地区。犹他州的故事十分有意思，引申出来的涵义更是令人振奋。试想，今天我们还把中西部作为经济落后的代名词，实施这种赶超战略之后若干年，那里就成为中国的"硅谷"，代表未来的高科技方向。那真是"十年河东，十年河西"了。

然而，这幅图画灿烂得令人不太敢相信。究竟是电视上这位专家过于乐观，还是我自己过于悲观了呢？何以美国犹他州能够做到的事，我们中国的西部省份就做不到呢？想来想去，我发现这位演讲人把概念搞错了，他不该把美国犹他州的故事与中国的西部开发相类比。为什么犹他州的发展与中国西部开发没有可比性呢？最重要的一点是，在中国，开发西部是因为相对于东部地区，西部地区经济落后，区域经济存在着差距，而美国并不存在这种意义上的区域差距。

我在位于美国西雅图的华盛顿大学访问时听到这样一个故事。学校曾经选择了一处地点，决定修建一座体育馆。消息一传出，立刻引起教授们的反对。而校方更是从谏如流，不久就取消了这项计划。体育馆修建计划引起教授们抵制的原因是，这个拟建的体育馆原来选定的位置是在校园内的华盛顿湖畔，一旦建成，恰好挡住了从教职工餐厅可以欣赏到的窗外潋滟湖光。而校方对教授们的意见如此尊重的原因，则略为复杂一点。

原来，与美国平均水平相比，华盛顿大学教授的工资通常要低20%左右。按照一个我们习惯的逻辑，这就是教授市场上表现出的地区差距。然而，可疑之处在于，美国地区之间是不存在劳动力流动障碍的，而教授这种职业又恰恰是最具流动性的。既然不存在跨地区职业选择障碍，为什么华盛顿大学的教授们愿意接受较低的工资，而不到其他州去寻找更高报酬的教职呢？原来，许多（肯定不

　　　　　　　　　　　／ "卑贱者" 最聪明

是全部）教授之所以接受华盛顿大学较低的工资，完全是留恋西雅图的湖光山色：位于北部太平洋岸，华盛顿湖等大大小小的水域星罗棋布，天气晴朗时可以看到美洲最高的雪山之一——雷尼尔山峰，开车出去还能看到有一息尚存的圣·海伦火山……

为了美好的景色而牺牲更高的收入机会，被华盛顿大学经济系的教授们戏称为"雷尼尔效应"（Rainier effect）。运用一个劳动力市场分析模型，我们可以模拟出这种"雷尼尔效应"产生的过程。假设最初华盛顿大学的教授工资与其他地区没有差别，人们在同等报酬条件下自然愿意选择去生活条件更好的地区工作并安家。于是，西雅图教授市场上就会出现供过于求的局面，校长们发现，他们付同样的工资，可供聘用的教授后备军队伍比其他地区要庞大。如果把教授工资降低一定的程度，校长们仍然可以聘到称职的教授。

劳动力市场继续运作。最后达到的比其他地区低20%的教授工资，实际上就是教授们对西雅图美丽景色估价的结果。换句话说，华盛顿大学教授的工资，80%是以货币形式支付的，20%是由良好的自然环境补偿的。如果因为修建体育馆而破坏了这种景观，就意味着工资降低了相应的程度，教授们认为所能欣赏的景色遭到破坏，一旦超过了经济上可以承受的程度，就会流向其他地方的大学，可以预见学校就不能以原来的货币工资水平聘到同样水平的教授了。

中国东西部地区之间存在的人均收入水平差距，从根本上来说是由劳动力流动障碍所造成的。尽管改革开放以来，我们看到越来越多的劳动力流动大军，从中西部地区流向东部地区，然而，劳动力流动的制度障碍仍然是巨大的。且不说继续存在的把城乡人口相互分隔的户籍制度，单就许多城市政府的排斥外地人的政策看，颇有愈益升级的趋势。例如北京市政府就定下目标，硬要把目前为数200万人到300万人的流动劳动力减少到90余万人，成倍地增加不允许外地民工从事的工种。可见，与主要存在于中西部地区的一两亿农村剩余劳动力相比，我们目之所及的劳动力流动，远远没有达到"增之一分便太多，减之一分则太少"的帕累托境界。

香港有位大名鼎鼎的教授张五常，善于用生活中的故事阐释经济学道理。恰巧他的许多灵感也是来自如诗如画的华盛顿州。我这里不揣冒昧地想说明的是，在不存在劳动力流动障碍的条件下，人均收入水平意义上的地区差距是不可能持久的。如果犹他州不是美国的一个设立了边防和海关的"特别行政区"，当然也不可能有劳动力、资本流动的障碍，也就绝不是可以与中国的中西部地区相类比的落后地区。特别是，既然不可能与其他州存在人力资本禀赋上面的差异，犹他州的经济发展条件就不会与其他地区具有本质上的不同。于是，犹他州以信息技术取胜，而在美国相应产业独占鳌头的故事，与我们今天讨论西部开发战略就完全不相干了。

拿什么开发西部地区？

开发西部并非没有先例，譬如苏联发动过西伯利亚大开发，美国有过著名的"西进运动"，我们自己则搞过三线建设。古今中外西部开发的成功经验和失败教训，归结到一点，就是用什么手段开发西部，是硬手段还是软手段，抑或软硬兼施。既然把这种经济活动叫作西部大开发战略，那么它意味着一种政策导向，把资源从其富有地区向经济落后的西部地区倾斜流动。从历史上看，开发西部无非是通过三种资源的转移，或称三种资源流。三种资源流产生的效果显然是不一样的，且让我们分别做些分析。

其一，物质资本流。把资本倾斜性地投入西部地区，投资建立那里缺乏的工业、铁路、公路和机场等基础设施。这种资源流，显然是我们中的大多数所想象中的西部大开发战略的做法。但是，历史上我们在这方面是有过实践的，如大量投资于三线工业、向中西部乡镇企业的倾斜信贷，结果都不尽如人意。有人说，投资于基础设施情况就不同了，"要想富，先修路"。然而，道路是一个载体，如果没有财富用来载运，道路就成了聋子的耳朵。又有人说，基础设施先行，道路修在那里总不会贬值。但资金不是天上掉下来的，而是有成本的，这个成本首先是机会成本。除此之外，基础设施如果修了来不能马上派上用场，不仅损失了今天更有意义的投资机会，还会因维修、维护需要源源不断地追加投资，造成直接的浪费。

美国东西大铁路的修建常常被人引为例证，以为没有这条大铁路，财富就不会滚滚而来。这似乎把因果弄颠倒了，美国大铁路本身不是财富之源，只是在财富创造出来之后用来承载之的。何况美国经济史学家福格尔还原了历史数据后证明，美国东西大铁路并不像人们想象的那样，对国民生产总值作出显著的贡献。

其二，信息、技术流。把西部地区缺乏的技术和信息灌输过去，使其以蛙跳的方式，一步跃入信息时代。但是，一定的技术需要相应的承载环境，如果应用某种水平技术的环境比这种技术应该具备的环境低很多，这种技术是不能得到有效应用的。科技史上有过一场争论，对我们应该有鉴借意义。德国农业科学家李比希曾经与一大批权威农学家争论农学院应该办在农村还是办在城市。大多数权威认为，农业科学应该与农业生产实践密切结合，所以农学院应该设在农村。而李比希更多地看到农业科学发展所需要的整体科学技术环境，认为农业科学的进步，离不开诸如物理、化学和生物学等更为基础性的科学的整体发展，所以力主把农学院办在作为科学、文化中心的城市。好在这场学术之争没有采取少数服从多数的原则作结论，最后是李比希赢得了论战的胜利，挽救了德国农业科学。

　　　　　　　　　　　　　　　／ "卑贱者" 最聪明

还有人举美国西部犹他州越过一般的科技发展常规途径，直接发展信息科技，从而在这个领域一跃而居领先地位的例子，认为中国西部地区也可以走一条技术赶超的捷径。可惜这个例子十分不恰当，因为尽管犹他州位于美国西部，但当今的美国并不存在中国意义上的地区差距，其西部地区并不与中国的西部地区分享任何共同之处。其中最重要的就是，犹他州并不在人才条件和技术基础等科技发展的环境方面实质性地落后于美国的其他地区。所以把犹他州的故事搬来作为一个西部开发的榜样，并不具有足够的说服力。

　　其三，劳动力、人才流。让西部地区缺乏的高素质人才流进去，改善西部地区的技术环境，同时使西部地区富余的简单劳动力流出来，增加他们的收入。这种资源流动或交换，是符合边际生产力均等化原理的，最可能产生预期的效果。西部地区与东部地区的差距，归根结底是可持续发展能力上的差距。具体表现为人口与经济资源之间的矛盾，即人类生存与生态环境的恶性循环，以及人口数量多、素质差，对可持续发展的制约。因此，西部开发战略本该把增强这一地区可持续发展能力即人力资本开发放在首位。

　　人力资本的形成和开发，通常有两种途径。一种途径是所谓的"干中学"模式，即在实践中积累经验，增长知识和技能。把科技人才和具有企业家素质的人才引进来，把简单劳动力输出去。另一种途径是在健康、教育、职业技能和企业家精神方面进行投资。所以，资本向西部地区的流动是必要的，重要的是投在哪里。既然西部开发中的投资活动应该是以增强可持续发展能力为导向的，西部地区真正需要的是人力资本的积累。也只有对这种资本的投资，才是不会遇到报酬递减现象的，人力资本存量的增加也不会发生束之高阁或贬值的问题。所以，把稀缺的投资引导到增加人力资本的领域，才算是有效率的资本流动。由于教育、卫生等改善人文发展环境的投资活动，往往具有某种程度的外部性，所以需要通过政府的财政转移支付和扶持来推动。

我逐一检讨三种资源流对于西部大开发的涵义，目的在于警醒政策制定人和积极参与西部开发理论与实践的政府官员和学者们，千万不要因偏离西部地区的真正需要而用错了我们自己库中的武器。那样，产生的激励就会与宏伟的初衷南辕北辙。让我们再回到美国东西大铁路的例子上，以说明，中国在实施西部大开发战略中，要想真正把各路英雄的积极性调动起来，归根结底还在于形成来自市场机会的有效激励。

19世纪60年代初，美国两家铁路建筑公司同时获得授权，分别由东向西和由西向东修建横跨大陆的铁路。其中，联合太平洋铁路公司被授权从内布拉斯加州的奥马哈，向西修至内华达州的西部边界，中央太平洋铁路公司则是由加利福尼亚州的萨克拉门托向东修建铁路。由于这项庞大工程的预期收益是不确定的，所以政府设计了一套激励方案，以作为这项工程的补贴。政策之一是，铁路公司每铺设 1 英里的路轨，就可以在铁道两侧交替获得五块国有土地，用于开发。并且，政府后来还划出了一部分可以竞争的路段，哪一方进度快便可以获得更多的土地开发权。由于预期铁路修通之后，这些偏僻的土地会变得价值不菲，筑路公司的积极性一下子调动起来，两家公司分别从东西两向展开了竞赛。

遥想攀枝花
——西部地区需要什么?

国家决定实施西部大开发战略,的确是一个具有远见卓识的决策。其引起举国上下欢欣鼓舞尽在情理之中。我们看到,不仅舆论界和学术界表现出高度兴奋,中央政府各部门纷纷安排项目规划,准备投资,西部地区各省市区政府也跃跃欲试,一时间兴起一个要项目、要投资,大干快上的局面。实施西部大开发战略,中央政府增加财政转移支付,全社会筹集资金作出响应,无疑是这种战略的题中应有之义。然而,争取项目和项目资金,首先要明确西部地区究竟需要什么项目,在哪个领域投资才是开发西部的关键。如果不先把这个问题搞清楚,我对目前的"西部热"就着实有点担心了。

人们很容易看到,东部和西部地区之间最重要的差别在于资本拥有量的不同。正如一个曾经广为引述的"贫困恶性循环假说"所认为的,低下的收入水平导致低储蓄率和低投资率,其结果是低生产率和低产出。因此,贫困的原因就是贫困本身。由此形成的政策倾向就是,消除贫困地区的贫困原因,唯一的办法是提高储蓄率,扩大资本的形成规模，打破这种恶性循环。增加对西部地区的资本投入，自然成为西部大开发的第一手段选择。而资金投向哪里，是第二个重要的手段之所在。目前，几乎所有的关注点都集中到了在第二产业的投资上面。而在这方面，我们曾经是有过教训的。

中华人民共和国成立以来，虽然用语不同，但把西部地区作为发展重点的战略也是实施过的。毛泽东在《论十大关系》中就把沿海地区与内地发展的不平衡问题作为重要的经济关系之一，提出工业布局向内地转移的命题。随后的三线建设，终于以不同的出发点，在某种程度上实践了这种设想。可见，迄今为止无论是理论上还是实践上，开发西部已经是有过历史经验的。把以往的经验和教训拿来做一些分析，无疑对我们今天实施西部大开发战略具有借鉴意义。

加快西部地区的发展实践，一旦形成一种战略，就应该有其目的、目标和手段，相应地就会有一个结果。假设我们过去具有成功的经验，我们大有必要借鉴以往的经验；如果过去失败的教训是主要的，则我们就要重新审视目标和手段，以避免重蹈覆辙。

毛泽东在论述十大关系时，关心的无疑是沿海和内地经济发展的平衡问题。而一旦开始三线建设实践，西部工业建设的直接目标就变成非经济的了，或者说是出于当时对战争可能性的认识而作出的决策。以攀钢的建设为例，起初人们不懂得毛泽东的战略设想，从经济规律角度提出过疑问。有人对毛泽东说："攀枝花地方太遥远、太偏僻。"毛泽东回答说："我骑毛驴下西昌。"有人又说：

"投资太多，我们承受不起。"毛泽东说："把我的稿费拿去。"到了遇到更具体的困难时，有人抱怨道："攀枝花建钢铁厂不合适，地形不平。"这回是周恩来回答道："弄一弄就平了。"至今攀钢的中心厂址地名仍叫"弄弄平"。最高领导人对于建设中问题的"答非所问"，反映了那些提出问题的干部根本没有弄清西部建设的目的。

这种三线建设是一种典型的计划经济时期的西部战略。其结果被证明并没有缩小地区差距，只不过在内地增加了几个重工业多一点的省份如四川、陕西等，在沿海地区忽略了几个有潜力发展的省份如浙江、广东、福建等地。所以，从缩小地区差距的目标来说，当时的"西部开发"战略并不是成功的。正如毛泽东指出的，攀枝花建设不是一个钢铁的问题，而是战略问题。这种西部开发，服从的不是缩小地区差距的目标。

改革开放以来，在地区发展上，我们观察到这样一种趋势，在东部地区，由于原来在这个组别中相对落后的省份迅速发展起来，各省份之间缩小了差距；在西部地区，由于原来三线建设投资多，相对发达的省份发展慢了下来，各省份之间缩小了差距。而在东部和西部地区之间，差距迅速地拉大了。如果把东部地区和西部地区分别看作是两个"俱乐部"，则我们看到的情形是，改革以来"俱乐部"内部有发展趋同的倾向，而"俱乐部"之间则出现趋异的倾向。这种现象恰好与国际上关于地区之间发展趋势的一个讨论大有关联。这个讨论的焦点是，发达地区与落后地区之间的发展趋势，究竟是

／"卑贱者"最聪明

趋同还是趋异。

"趋同假说"最初来自新古典增长理论。由于这种理论十分看重资本在增长中的作用，而当时人们又观察到资本具有报酬递减的倾向，所以，如果发达地区与落后地区之间，差别仅仅是出发时基数的不同，则发达地区由于面临报酬递减的现象，就会比不存在报酬递减的落后地区增长慢一些，其结果就是两类地区发达程度的趋同。

但事实往往不能印证这种"趋同假说"，反而表现出另一种面目，即"马太效应"。国际上发达国家与不发达国家之间的表现如此，中国东西部地区关系的经验也是如此。不过，国际经验也显示出，在穷国和富国两个"俱乐部"之间趋异的同时，也同时存在着富国"俱乐部"内部的趋同，如欧洲国家之间、美国各州之间和日本各县之间发展水平的趋同。

对于中国，又该怎么理解"俱乐部"内部的趋同现象呢？或者说导致东部地区各省份和西部地区各省份"物以类聚"的原因是什么呢？这就要从两个"俱乐部"之间的发展条件差异上来找原因。如前所述，两类地区之间最重要的差别是资本拥有量的差距，但无论是三线建设，还是20世纪90年代初期以来对中西部地区乡镇企业投资的倾斜，都没有取得预期的效果。除了资本拥有量的差异之外，我们还观察到两类地区之间存在的另一个重大差距，即人力资本禀赋大不相同。

由于东部地区在教育、健康和人文发展方面具有优势，具备发展所需的人力资本条件，该地区内部各省市之间在这些条件的禀赋上面差别较小，所以一旦有了发展的机会，趋同就发生了，原来相对落后的省份以较快的速度赶了上来。相反，西部地区缺乏一系列发展所需的人文发展条件，而且该地区各省份之间在这种发展条件上的缺乏也大同小异，所以它们之间也出现了趋同的趋势，却是原来较发达的省区"屈尊纡贵"。与此同时，东部和西部地区之间却因为具有人力资本条件上的巨大差异而在增长速度和发展水平上趋异。

由此我们得出的结论是，贫困的确是一种恶性循环或"马太效应"。这个循环链条的起始点是低下的收入水平和经济的不可持续性，它们导致人力资本缺乏、人的发展能力低下。要打破这个恶性循环，来自外部的物质资本的投资固然是不可忽略的，但不改变人文发展状况，最终也难以彻底摆脱这个恶性循环。这个结论也为诸多发展经济学研究成果，特别是其他发展中国家的实践经验所印证。

所以，希望正在西部开发战略热潮中欢欣鼓舞的各界人士，千万不要把劲头使在争取工业项目的投资上面。西部地区真正需要的是人力资本，而暂时不是工业。而且，工业大多是可以通过获取利润的激励，利用民间和社会的资本实现的投资活动，而教育、培训和卫生等改善人类发展环境的投资活动，往往具有某种程度的外部性，更需要通过政府的财政转移支付和扶持项目来推动。应该说，投资是不可缺少的，但投资于人的能力的改善，最终将是收益率最高的，而且不会出现报酬递减的问题。

　　　　　　　　　　　／ "卑贱者"最聪明

"索洛维亚"的馅饼

老百姓说，天上不会掉馅饼。可是索洛维亚这个经济学家虚构出来的符合种种新古典增长理论假设的岛国，就遇到了这种天上掉馅饼的好事：联合国决定向该国慷慨提供一笔馈赠，作为一次性资本投资，借以帮助其形成一种经济持续增长的格局。更不可思议的是，联合国这笔援助款的数量可以由索洛维亚政府自己提出，想要多少就给多少。

经济学家说，天底下没有免费的午餐。不错，像几乎所有的国际援助项目一样，联合国对索洛维亚的这笔馈赠，也是附带一定条件的。联合国为索洛维亚国提供任意数量援助的条件是：该国必须用这笔资金形成一种特定的资本 – 劳动比率，而自该资金到位起始，该国必须保证从此以后有足够的投资，保持这种资本 – 劳动比率不变。联合国援助的这个附加条件的涵义是什么呢？

幸好索洛维亚有一些熟知新古典经济增长理论的经济学家，他们向政府报告道：按照新古典增长理论，每个工人的产出是配置在三种用途上的，即一部分用于每个工人的消费，一部分用来投资以便在人口增长的情况下保持不变的资本－劳动比率，一部分为提高资本－劳动比率而投资，以便增加每个工人所支配的资本数量。

这些懂行的经济学家据此反对政府提出的接受援款数额多多益善的决策。他们告诉决策者说，在承诺保持资本－劳动比率不变的条件下，如果狮子大张口，接受援助额太高，以致形成过高的资本－劳动比率，今后为保持这个比率就要压低工人的消费，而且这种节衣缩食的状况要永远地持续下去。而如果过分客气，只接受一笔很小数额的援助款，形成太低的资本－劳动比率，由于劳动力的增长率是确定的，每个工人所生产出的产品进而可用于消费的产品也必然很少。最后，演示了一套令政府官员们满头雾水的数学公式和几何图之后，索洛维亚的经济学家宣称，有一个适当的可以接受的援助数额，可以保证本国工人的消费水平永远最大化。

这个据说能够保证索洛维亚工人消费最大化的可接受援助水平，在新古典增长理论来看，就是使该国经济处于长期平衡增长"稳态"的那个点。至此，索洛维亚的经济学家才发现，联合国可谓用心良苦，而且联合国的经济学家敢情是他们的校友，接受的都是新古典经济学的教育。

原来，联合国看到索洛维亚经济增长长期处于低于稳态的状况中，而且深知根据新古典增长理论的预测，索洛维亚若想独立自主地向平衡增长的稳态趋同，即使按照最标准的趋同速度，也需要几十年甚至上百年的时间。联合国看中的是，索洛维亚是一个符合几乎所有新古典主义假设的岛国经济，又有一批谙熟新古典增长理论的经济顾问。通过选择一种可以使该国一步到位取得长期平衡增长稳态的资本－劳动比率，联合国用一笔援助资金，似乎可以帮助索洛维亚缩短趋同所需花费的时间。

索洛维亚政府接受联合国援助许多年以后，当联合国项目官员们来到这个岛国考察援助效果时，他们吃惊地发现，这个国家的经济状况依然故我，每个工人的消费又恢复到援助以前的水平，索洛维亚仍然处于贫穷经济的行列。面对这种尴尬场面，考察团里一位了解新古典增长理论最新进展的成员，向她的同事们解释了事情的原委。原来，当年索洛维亚接受援助时，选择的所谓平衡增长"稳态"是不稳定的，因为那种"稳态"是以一个典型的发达经济为底本复制来的。以索洛维亚的人力资本禀赋、政治稳定程度、人口增长率，以及其他种种社会能力，它真实的稳态要远远低于所误认为并参照之选择了起始点资本－劳动比率的那种"稳态"。所以，所有索洛维亚所具有的不利于经济增长的负面因素，最终还是把其稳态拉了回来，以致形成如今的局面。

这个索洛维亚接受援助，最终未能实现初衷，辜负了联合国一番良苦用心的例子，实际上就是新古典增长经济学对于趋同的认识及其演进。遵循资本报酬递减的圭臬，早期的新古典增长理论预期经济上落后的国家将以更快的速度增长，从而导致其向较发达国家的趋同。后来的实践表明，趋同并没有发生在穷国与富国之间，反而发生在穷国俱乐部和富国俱乐部内部。在俱乐部之间，增长率的差距进而人均收入水平的差距进一步扩大了。为了解释这种现实中发生的现象，经济学家看到在发达国家与落后国家之间，因存在着人力资本禀赋、人口增长率、政治稳定程度等方面的巨大差异，两类国家具有不尽相同的平衡增长稳态。首先控制住这些因素的影响，即假设处于不同发展水平上面的国家，差别仅仅在于各自距离一个统一的增长稳态的远近，才可能在实证中发现趋同的证据，谓之有条件趋同（conditional convergence）。

中国扶持经济落后地区的政策实践，与前面讲的索洛维亚寓言颇有相似之处。借助中央财政转移支付的投资，把贫困地区送入一种其自身人力资本所不能维持的增长"稳态"，最终都被证明不能产生预期的效果。前事不忘，后事之师。在政府、社会和经济学家的知识都有了长足进步的今天，实施西部开发战略不应再把投入资金、发展某些产业作为开发西部的万应灵药。对于西部地区的政府官员们来说，到中央有关产业部委"跑部钱进"，以为这无异于天上掉馅饼的好事，却很难避免索洛维亚寓言的重演。只有投资于教育、健康等增进人力资本的领域，率先把使经济增长进入一个更高水平的平衡轨道的社会能力建立起来，才能保证西部经济在这个轨道上持续增长。

萨缪尔森迟到 30 年的答案

——"新经济"不能改变的原理

在重庆参加一个西部开发战略研讨会时，一位也做经济研究的同事问我："如果只让你说出一个最重要的经济学原理，你会说什么？"由于那不是在会议上规规矩矩的讨论，所以我口无遮拦地说了一个自认为很重要的经济学原理。随后，我自己又否定了，以至说了一个又一个，忘记了这位同事的问题限制——只说一个最重要的。忽然我灵机一动，想起一则经济学家的典故，就请美国著名的经济学家萨缪尔森代我回答了。

还在萨缪尔森当学生的时候，一位哈佛同学要他在所有社会科学原理中，指出一种既正确的又重要的。萨缪尔森这个当时已经崭露头角的哈佛高才生，一下子竟被难住了，未能给出一个好的答案。此后，这个问题萦绕在他脑子里竟达 30 年之久，直到 1969 年，就在他获得诺贝尔经济学奖的前一年，才终于自认为有了满意的答案。萨缪尔森认为，李嘉图的比较优势原理，是在那些可以称作既正确且重要的社会科学原理中首屈一指的。学说史表明，这一原理在逻辑上的正确性无须数学家论证，其重要性则为无数重要且睿智的人们所证实。萨缪尔森说，想一想有多少智者从来都没有能够自己发现这个道理，而且在向他们解释这个原理之前，他们从来未能相信这个原理。

当我把这个典故告诉给那位同事，作为对她提出问题的回答时，心里并不踏实，不知道这种回答是否有意义。不过，当她向我解释了为什么要提出这个问题后，我暗中庆幸自己选择了这个答案。原来，这位同事提出这个问题的原因是和她对于所谓"新经济"的思考有关的。

以美国经济持续高速增长，并且打破了传统经济学预言的经济过热与通货膨胀的关系、资本报酬递减规律、供给曲线和需求曲线的变化轨迹等为代表，人们发现了一种全新的经济增长类型。这种经济类型以网络经济或者信息时代为表征，而且有着全然不同于以往的、经济学家可以用一组曲线简捷地予以刻画的传统经济。于是，许多人认为传统经济学过时了，我们熟知的经济学的分析手段失效了。这就是为什么我的那位同事提出上述问题。

我对所谓的"新经济"没有多少研究，也不敢对这种新型经济类型是否真正把传统经济学送进了坟墓发表看法。但我对国人惯有的思维方式却有警惕，所以我庆幸自己推荐了萨缪尔森的回答。我们中国人（许多发展中国家的人们都是如此）被长期以来经济上的落后伤透了心，所以励精图治，充满了赶超精神。中华人民共和国

　　　　　　　　／"卑贱者"最聪明

建立之初，我们树立了超英赶美的目标，把建立一个独立自主的重工业体系看得高于一切。粉碎"四人帮"之后，我们又发起一场洋跃进，希望在一朝一夕之间就实现四个现代化。20世纪80年代我们曾经迷恋于"第三次浪潮"，今天又沉醉于网络经济的革命，希望一步跨入新经济时代。

这种赶超精神所依据的逻辑很是硬邦邦的：如果我们不发起一轮赶超，而总是跟在别人后面，何时才能赶上去，立足于世界民族之林呢？但是，事实却总是告诉我们，这种赶超从来不能成功。毋庸置疑，改革开放之前推行重工业优先发展战略的结果，是我们远远地落后于其他国家和地区的发展步伐；洋跃进也好，"第三次浪潮"也好，也都没有使我们迎头赶上。相反，靠着乡镇企业生产的劳动密集型产品，我们打开了美国和欧洲发达国家的市场，实现了每年将近10%的经济增长率，一下子缩小了与发达国家的差距。而且据许多学者的预测，只要按照这样的速度发展下去，21世纪中期之前中国就会成为世界上最大的经济体。

任何一次革命性的经济浪潮，无非都是处于技术创新前沿上的发达国家，对继续发展所遇到障碍的一次克服。而克服这种发展障碍的前提是你要处在技术创新前沿上，才能为自己提出创新的方向，才具有创新的经济实力和物质手段。如果从国家整体实力上并非处于技术前沿，却偏偏要独立地全面开发新技术，成功的机会将会是很小的。不过，处于技术后进阶段的国家，也有自己的比较优势。

那就是相对于其他国家和地区来说，一个国家或地区总是在某些生产要素上面具有较丰富的禀赋。通过在生产中密集地使用这些生产要素，它们可以生产出具有相对优势的产品；再通过国际或区域间贸易，用富含这些生产要素的产品，交换富含相对稀缺生产要素的产品，就可以实现一个国家或地区的比较优势。一旦能够把自身的比较优势发挥出来，发展中国家缩小与发达国家差距的过程就开始了。

其实，中国人应该最容易理解比较优势原理。历史上每当我们热衷于赶超战略时，无非就是忘记了自己的发展阶段，忘记了自己的比较优势。而改革开放以来中国与世界发展水平距离的缩小，恰恰得益于我们遵循了比较优势原则。实际上，赶超的不二法门就是先把自己的比较优势利用起来。随着人均收入水平的提高，比较优势是要变化的，我们慢慢地自然会迈向技术创新的前沿。相反，如果在物质条件和人力资本环境都不具备的情况下，慌慌忙忙地去做别人正在做的事情，充其量只能是少数企业和个别产业鹤立鸡群般地发展起来，而并不能提高国家的整体实力。

中国固然有可以堪与比尔·盖茨相提并论的企业家，或可以与微软对话的公司，但一个企业的竞争力不能等同于整个国家的竞争力。不顾比较优势的赶超，或追求超越发展阶段的"新经济"，于国于民都很难说是福音。所以，且不管经济学的其他原理是否还有效，比较优势原理仍然应该坚持。萨缪尔森迟到30年才说出来的答案，30年之后的今天对于我们选择正确的发展战略，仍然具有借鉴意义。

　　　　　　　　　　　　　/ "卑贱者"最聪明

鹰和人都吃鸡

——为什么经济学家改变了对人口问题的看法?

人类对自身的出生、死亡、年龄结构、数量等人口问题的关注,几乎与人类的历史一样长久。从原始部落控制人口的土办法(堕胎和溺婴),到现代国家制定的生育政策,是实践方面的历史演进道路;从中国古代孔子学派和古希腊思想家柏拉图和亚里士多德的"适宜人口数量"思想,到利用模型方法进行研究的现代人口学,是思想与方法论的演进路径。作为一门科学分支,人口学产生的前提是经济学的诞生与成熟。许多人把英国人格朗特(John Graunt)当作人口学之父,然而如果没有他同时代的经济学之父配第(William Petty)提供的思想基础和具体帮助,格朗特的研究也许完全是另外一种样子。所以,从思想渊源和理论基础上来看,人口学从来就是人口经济学,经济学家的想法常常支配着人口学家的工作和研究结论。

然而,有意思的是,相当多的经济学家,在花了一个较长的时间之后,都改变了对人口问题的看法。学者们在他们学术生涯的较晚时期悄悄地甚至公开地承认自己以前观点的错误，在科学史上并不鲜见，但人数如此多而且跨越了几代人的经济学家，先后修正了自己对于人口问题的观点，并几乎成为一种时尚，却是非常值得注意的现象。更有意思的是，如果列出一个修正了对人口问题看法的经济学家名单，其中会包括学说史上和现代学术界最著名的一些人物。我举出几个例子，甚至会令你吃惊。

第一个例子是英国经济学家马尔萨斯（Thomas Malthus）。不错，就是作为"马尔萨斯主义"祖师爷的那个托马斯·马尔萨斯。尽管马尔萨斯关于人口问题的代表性著作是在200年前出版的，然而，迄今为止还没有第二个人对于人口问题的观点，其影响力能够出其右。人们熟知的是马尔萨斯在《人口原理》第一版中提出的著名的人口数量（呈几何级数）与食物（呈算术级数）增长不相协调，因而增长的人口最终不能由其生产的食物所养活，以致只有战争、瘟疫和饥馑才能强制地阻止人口增长的观点。

但许多人并不知道，在马尔萨斯《人口原理》的以后版本中，他大大地修正了以前的观点，承认人口增长并不必然通过罪恶与穷困的阻止因素才能减缓，人们也能够自愿地限制家庭的规模。这种认识无异于与他的第一版的批评者取得了一个共识——在技术进步与人口增长的竞赛中，技术进步最终可以赢得胜利。在《人口原理》第二版的前言中，他承认："这部著作迄今为止在原则上已经与以往的版本不同，……在这里，我已经努力将第一版中最严厉的结论

　　　　　　　　　　　／ "卑贱者"最聪明

变得柔和多了。"而他的一位传记作者则认为，新版著作标志着马尔萨斯的人口问题观点，已经"从激烈的悲观主义转变为谨慎的乐观主义"。

第二个例子是英国经济学家凯恩斯（John Maynard Keynes）。这又是一个引人注目的名字，是为经济学发展里程碑的"凯恩斯主义"的代表人物。从经济学说史的角度，凯恩斯不仅以其对现代宏观经济学的贡献著称，其关于人口问题的看法也有巨大的影响力。早期的凯恩斯是一个狂热的马尔萨斯主义者，担心过度的国民繁殖力所具有的破坏性力量会超过原材料（煤、铁等）的供给。他对经济史的长期观察结果是：历史上的大事件，往往是由于长期的人口增长和其他重大经济原因引起的。虽然他相信大大削减储蓄可能使生产率的增长超过人口增长，但他仍然担心人口陷阱效应会超过积累效应，人类克制自身消费的努力最终不会增进人们的愉悦而只是增加人口数量。然而，当他发展出著名的"凯恩斯主义"需求分析理论后，他与其重要的追随者都转而相信，人口增长是提高有效需求的重要手段。而有效需求在凯恩斯学派宏观经济理论中的重要性是众所周知的。

第三个例子是美国经济学家西蒙（Julian Simon）。他虽然不像前两个名字那么人尽皆知，但也是人口经济学领域的最重要人物之一，享有盛名。最初，西蒙在学术思想上也是信奉马尔萨斯理论的。后来却成为最坚定的经济发展与技术进步学派的代表，猛烈批评罗马俱乐部"增长极限论"的急先锋。也就是说，他坚信，伴随着技术进步的经济发展可以抵消人口增长对资源、环境的负面影响。20世纪60年代，人口经济学史上曾经有一个很耀眼的研究。一位名叫恩克（Stephen Enke）的学者，通过计算得出结论说，每投资1美元用于控制人口数量，可以增加100美元的当前消费。用于实施人口控制的投资具有如此之高的投入产出比率，以至他的关于政府应该支持人口控制的主张，得到政策制定者的重视。当时的西蒙修正了恩克的某些逻辑错误，计算出更高的投入产出比率。但是，当西蒙更仔细研究了人口增长与经济发展的关系后，放弃了马尔萨斯主义的观点，悄悄地收回了自己的计算。在总结了人口经济学史和历史的实际演变后，他评价恩克和他自己的这种计算犹如"石沉大海，只是科学史上不时出现过的另一个误谬"。

第四个例子是美国经济学家凯利（Allen Kelly），人口经济学领域的另外一位代表人物。20世纪60年代末，凯利还是一个人口问题的悲观主义者。他认为自己的研究结论证明了始于马尔萨斯，并在当时由莱宾斯坦和内尔森发展了的人口－贫困陷阱假说，从而认为限制人口增长的政府政策，是与该政府的工业化目标相吻合的。但是到了70年代初，他参与起草了《人口增长与美国未来委员会》的总统咨询报告，放弃了以前的观点。该报告认为，人口增长并不像人们通常认为的那样成为一个问题。伊斯特林（Richard Easterlin）评论这个报告时，将其中心观点与凯利观点的转变合并起来看，形容凯利是"从认为政府限制生育的政策从经济和生态角度看都是有理的，最终转向更为中性的观点"。伊斯特林并认为，凯利的转变经历是有代表性的，他本人和许许多多参与"人口问题"争论并仔细观察事实的经济学家，都经历过这样的转变。

有趣的是，凯利并不承认经济学家经历过关于人口问题看法的转变，而认为只发生过经济学家作为一方，非经济学家作为另一方，在人口问题上面的观点对于政府政策和大众认识的影响力相对重要性的变化。也就是说，在凯利看来，对于人口问题认识上的越来越乐观化，不是经济学家转变的结果，而是乐观的经济学家在该问题上影响力逐渐占上风的结果，因为经济学家作为整体，从来就不认为更多的人口是件坏事。不管我们在多大程度上同意凯利的这个判断，经济学家对于人口增长与经济发展关系的认识，的确具有一种趋同的倾向，即在长期里，经济学家越来越相信科学技术进步的作用，而把人口增长视作积极的因素，或者说人口问题是可以通过人们主动的调整而化消极为积极的。由此，我们可能需要提出几个问题寻求回答：为什么经济学家在人口问题的认识上往往会反复？为什么经济学家能够逐渐取得某种积极的共识？而且为什么这样的一种共识产生于经济学家群体而不是其他科学家群体？

经济学家作为研究如何提高人类福利水平的一个科学群体，几乎无可避免地要关注以人口增长与经济发展关系为中心的人口问题。但是，人口变量与其他经济学家用来解释经济发展的变量之间，有一个最大的不同，即人口变化是十分缓慢的并且只是在长期里才产生后果的，以至其与任何理论预期具有相关关系的经济变量之间的实际关系，是很难在短期内观察得到的。例如，以对长期经济增长和结构变化进行数量分析著称的库兹涅茨（Simon Kuznets），就得出了比他的同时代学者更为乐观的结论。另一个例子是哈耶克于1989年出版的《致命的自负》。他在该著作中讨论了人口增长在相当长的时间内对文化模式的演进效应，其观点在该书出版之前竟酝酿了半个世纪，原因就是他自认为对传统的认为人口增长在中长期具有负面效应的观点进行批判，尚缺少足够的证据。可见，观察人口增长与经济发展的关系，必须在一个相当长的时期进行，更不用说人口与社会变革以及与文化变迁之间的关系了。这个观察时期之长，通常超过任何人们习惯用来观察经济周期的时间。所以，当人们（当然包括经济学家）从一个自认为足够长的时期的经验来总结人口规律时，事实上他们面临着自己的结论被日后证明错误的危险。由此，我们也可以知道，把人口变动和特征与宏观经济景气变化相联系进行的研究，从方法论上是不科学的，因此绝大多数是不可靠的。

经济学家关心人类福利的增进，自然关注用以增进福利的手段的演进。从最初把土地当作唯一有价值的生产要素的重农学派，到把物质资本看得高于一切的早期增长理论，以至现代经济学高度关注科学技术进步和人力资本的作用，经济学家经历了几代人的观察与思考、认识上的成功与失败，以及事实的教育。科学技术进步因素对经济增长的作用，具有两个特征。第一，它是在近代工业革命以后才充分显示出推动经济增长和改善人们生活水平的巨大作用的。第二，从它成为推动经济增长的巨大动力以后，其进步与革命的速率是以加速度的方式进行的，以至往往超过人们用经验所能作出的预测。相对于任何一个时期的观察家来说，后来的科学技术进步成就都是很难预料的。所以，当在一个短时期内发生了人口增长与资源、环境之间的矛盾时，包括经济学家在内的一些人常常忽略技术进步的这种特性，以致陷入悲观。稍后，当科学技术进步表现出强大的解决任何人口与资源、环境之间矛盾的能力时，他们又重新认识这个关系。

凯利的说法可能更准确。如果我们把经济学家看作一个整体，他们在每个阶段上可能有的不同认识，与某个单个经济学家不同时期的认识转变就有了类似性。早在马尔萨斯所处的古典经济学时代，以及整个前现代人口经济学时代，就有格德文（William Godwin）、恩格斯、乔治（Henry George）以及马尔萨斯本人，用更科学的方法观察经济历史，看到了人类重新组织自己，调整个人和社会行为的可能性和技术进步速度超过人口增长速度的可能性，从而给予马尔萨斯主义以有力的批评。尽管马尔萨斯主义的影响至今未有衰微，包括库兹涅茨、舒尔茨（Theodore Schultz）、贝克尔（Gary Becker）等在内的现代经济学家，做了更多、更可靠的工作证明其误谬性。随着经济学方法论科学性的提高，人们取得共识的基础越来越坚实。更重要的是，科学技术进步和人的能力的提高将越来越被证明具有人们无法预料的力量，使得人们不再轻易地把人口增长看作是灾难性的。美国思想家和社会活动家亨利·乔治的一个比喻，道出了经济学家容易取得共识的认识论基础："鹰和人都吃鸡，但鹰越多鸡越少，人越多则鸡越多。"

小药片反射的历史与逻辑
——读《避孕药片——一个改变世界的药物传奇》*

  《避孕药片》这个书名很可能使这本书失去许多读者。在读这本书之前，我也仅仅把它作为一种技术性的阅读对象。没有想到的是，这本书像一片多棱镜，折射出的竟是整整一部人类现代史及其背后的逻辑。整个人类发展史，无非就是人们克服人口再生产与人类赖以生存、繁衍和发展的物质再生产关系的奋斗历史。例如，大名鼎鼎的英国牧师马尔萨斯（Malthus）的经济史观，几乎就可以等同于人口发展史观。从他的理论演变来的"低水平均衡陷阱假说"，认为任何经济增长及其所导致的人均收入提高，都只会被因此刺激而增加的人口消耗掉，结果人均收入会跌回到最初的水平，经济增长最终被陷在低水平均衡上面。

  与避孕药相关的是人们的生育行为，进而是人口增长方式。按照以马尔萨斯为传统的经济理论，说避孕药的发明历史折射出人类

---

* 〔美〕伯纳德·阿斯贝尔：《避孕药片——一个改变世界的药物传奇》，
  何雪、晓明译，东方出版社，2000。

发展史，也不算牵强。然而，我说这本书通过避孕药片写了整整一部人类现代史，同时清晰地体现了历史与逻辑的统一，却有更多的理由。

由于人们的生育行为受到与经济发展水平有关的各种变量的影响，所以，人口增长类型可以看作是经济发展阶段的一个函数。美国经济学家伊斯特林（Easterlin）把影响生育行为的各种因素，分别归入（对孩子的）需求、（对孩子的）供给和（决定孩子数量的）控制成本三大类。在经济发展的早期阶段上，占统治地位的农业生产方式以手工劳动为主，生产经验也主要依靠代代相传得以积累，这时人们对孩子数量的需求较高；但营养不足和医药技术不发达、不普及，使得孩子的成活率较低，即孩子供给不足；囿于避孕技术、传统观念的约束，控制成本几乎是无穷大。

回顾这个时期的人口增长类型，我们发现对生育的需求要大于可能的供给，而且人们没有自我控制的余地，因此也就干脆没有这个愿望。供给能力决定着人们的生育行为和人口总数量。人们把这种状态概括为以人口的高出生率、高死亡率和低自然增长率为特征的人口转变类型。

不过，这个历史阶段并非像"低水平均衡陷阱假说"所预言的那样，会循环往复地持续下去。终于有一天，最初是从欧洲开始，现代经济增长出现了，并且把上述人口转变类型送入了一个新的阶段。也就是说由于经济发展水平提高，特别是人们营养状况和医疗卫生条件的改善，婴儿死亡率大大降低，影响生育的供给能力相应

／"卑贱者"最聪明

地提高了。过去制约孩子数量的瓶颈被打破了，生育率迅速地按照需求水平向供给水平靠近的方式提高，以至形成第二个人口转变类型，表现为高出生率、低死亡率和高自然增长率。

至少在很长的一定时间内，人们把这种人口转变类型，看作是经济进步的标志。例如，库兹涅茨（Kuznets）在斯德哥尔摩领取诺贝尔经济学奖时，做了一个演讲，把人均收入和人口的高增长率，列为"现代经济增长"六大特征之首，认为是一个国家进入现代经济增长的最具特征的表现。

然而很快地，这个阶段显示出它的矛盾。人们需要更多的孩子，是因为孩子作为增加家庭收入的劳动力，在较早阶段上的生产方式下具有决定性的作用。然而，现代经济增长则意味着传统的生产方式被新的生产方式所替代。人们突然发现，原来所期望的孩子数量，现在并不能为他们带来福利。年复一年的怀孕、生育、抚养，为家庭带来的成本，慢慢地超过了孩子作为劳动力可能为家庭带来的收益。应用另一位美国经济学家贝克尔（Becker）关于孩子的成本－收益分析方法，我们不难想象，人们开始有了控制生育的愿望。《避孕药片》一书中援引了大量的例证，表明美国的母亲们已经深深地感到生育之累。正像边际效用理论所阐释的，如果说父母对第一个、第二个孩子的降临，还充满了喜悦和期待的话，一旦生育更多的孩子，乃至第八个、第九个，母亲们则"担心再这样下去她们会感到孩子们可恨，而不是可爱了"。

对于那些贫困的家庭，低水平均衡陷阱终于出现了。换句话说，不能控制家庭规模，导致生育的成本大于收益，对贫困的家庭产生了"贫者愈贫"的马太效应。这种现象，在发达国家的历史上出现过，在现在的许多发展中国家仍然是严酷的现实。而正是这种严峻的现实，提出了控制生育、降低人口增长率的自发要求。

不过，有效且成本低廉的避孕方法并不是轻而易举地便应运而生的。在妇女们深受怀孕、生育之苦，开始迫切地寻求一种解脱的那个年代，譬如说20世纪前期，不仅已有的避孕方法大都效果不佳，而且传统伦理、宗教教规和法律制度都是严禁避孕的。很难想象的是，直到20世纪50年代末，美国尚有17个州的法律明令禁止避孕药品的销售、散发或广告宣传；纽约罗马天主教区的大主教仍然援引早期教皇的话，称避孕行为是"不道德的"，并声明"教皇所说的话过去是正确的，现在是正确的，将来也是正确的，永远都是正确的"。可见，寻求节育和探索避孕技术，既是违反教规的，往往还是违法的。

按照制度经济学的定义，制度是影响和制约人们行为的一系列规范。从这个意义上讲，从人们发明、制作出口服避孕药片，到它成批生产，并为广大妇女使用，不仅仅是一个技术创新过程，还是一个制度变迁过程。无论是技术创新还是制度变迁，首先都产生于人们对一种新技术或一种新的制度安排的需求。如果这种需求足够大，潜在的技术或制度供给者就会出现。技术的供给者就是那些由商业目标支配的科学家，而制度的创新者则是那些预见到新的制度

"卑贱者"最聪明

必须代替旧制度的政治家和社会活动家。从制度创新的角度看，一旦某种潜在的制度表明，其可能带来的制度收益大于制度成本，就具备了被社会接受的条件，这种新的制度替代旧的制度的过程就可能开始并最终完成。

《避孕药片》一书的作者十分擅长讲故事，如同写一部小说一样，不厌其烦又引人入胜地描述了这些技术供给者和制度变革推动者的充满传奇色彩的创新活动。如果说，经济学家对于技术和制度变迁的理论概括，仅仅是一种抽象的话，那么这本书的全部故事为这些抽象的理论作出了最好不过的注释。

具体来说，首先是一批富有同情心且具有政治活动才能的社会活动家，感受到饱受生育、抚养孩子之苦的贫困妇女对于避孕的需求，继而游说社会、劝说科学家、筹集资金，甚至慷慨解囊，为避孕药片的需求与供给建立了桥梁。随后是一批在科学精神和商业动机双重激励之下的科学家、企业家，投入他们的资金、时间，施展科学才华和企业家精神，努力为社会需求提供可能的供给。接下来则是社会活动家和科学家、企业家结盟，共同游说社会，克服制度上的障碍，使技术上成功了的药片成为广大育龄妇女的福音。最终，需求方和供给方共同努力，不仅创造出崭新的避孕技术——避孕药片，而且诱致新的社会规范和法律制度，因而改变了历史。

避孕药片的作用，不仅仅在于它在人类历史上第一次以低廉的价格提供了一种真正有效的避孕方法，更重要的是通过这种避孕方法的研制和推广，最终突破了法律和宗教限制生育控制的最后防线，使人们可以合理、合法地决定自己生育孩子的数量，使家庭决定孩子数量的控制成本降低到微不足道的水平。这时，人口转变类型才可以进入以低出生率、低死亡率和低自然增长率为特征的一个新的阶段。

纵观世界人均收入的分布地图，这种人口增长类型与经济发达程度、社会发展水平呈高度正相关的关系。我不是一个人口决定论者，不相信那种经济发展的障碍就是生育率高、人口数量多，解决了人口问题就万事大吉的说法。但我相信，一旦有了行之有效的避孕技术和制度，当人们自己从切身的利益出发，决定是需要控制还是扩展家庭规模时，这种自主的选择更容易实现一种统一，即在微观上合乎理性，在宏观上有利于社会。所以，我认为这本关于避孕药片的书，可以告诉我们的远远不是历史长河中人们控制孩子数量的小小插曲，更是自 20 世纪以来人类自身发展的全貌——历史的和逻辑的。

／ "卑贱者" 最聪明

第三编

生活中的观察

"众志成城"也是生产力

在痛定思痛之际，人们普遍最为关心的就是，四川地震灾区究竟需要多久，才能够从灾难所造成的物质损害中恢复过来。除了举国上下的财力、物力和人力支持，按照科学发展和城乡统筹方针的规划这些重要举措之外，我们可以看到，全国人民在众志成城的抗震救灾行动中，所形成的前所未有的社会凝聚力，本身就可以转化为一种震后重建的强大生产力，这是我们对于灾后重建的信心所在。

在古今中外经济发展历史上，经历重大自然灾害和战乱之后，奇迹般迅速恢复经济建设的事例不在少数，以至解释这种现象产生的原因，成为许多经济学家孜孜以求的课题。例如，尝试破解第二次世界大战后，日本和德国的经济恢复之谜，就吸引了许许多多经济学家的职业兴趣。当时，美国在广岛投下的原子弹，摧毁了该地区70％的建筑物。但是，奇迹随后发生：两天之内铁路运输开始恢复，一周内重新启动了电话服务，以后的重建也是迅速的。盟军对德国汉堡的轰炸损毁了城市一半的建筑物。但事后仅仅 5 个月，这个城市的生产力就已经恢复到轰炸前的80％。为了解释这种现象，经济学中形成了诸多假说。

第一种解释是人力资本说。人力资本理论把劳动者具有的能力，看作是高于其他任何物质要素的生产要素。因此，在这个学派看来，诸如日本和德国重建的事例，其成功的秘诀就在于，虽然战火摧毁了一个地区的物质设施，但人还在，人力资本没有被摧毁，因此就有了创造奇迹的本钱。

第二种解释来自"打破利益集团"假说。美国经济学家奥尔森认为，长期稳定不变的国家，往往会遇到利益集团及其非生产性的集体行动干扰，产生与日俱增的弊病，以致效率降低，经济增长受到阻碍。而因为战争、灾害等因素，在原有的社会政治结构遭到破坏的同时，利益集团及其行动也受到抑制，整个社会效率提高，经济增长加快。他正是援引战后德国、日本创造的经济增长奇迹，作为自己假说的例证。把这个理论推广，可以得到一个自然现象版的熊彼特"创造性破坏"假说，即认为是过时基础设施被"清零"导致超乎寻常的经济增长活力。

第三种解释来自新古典增长理论的"趋同"假说。通常讲的趋同，是指由于较发达的国家会遇到资本报酬递减现象，而较落后的国家却不会，因此，落后国家从较低的起点，可以以更快的增长速度赶超发达国家。这样的解释，同样也可以应用到一个国家或地区在灾前和灾后的关系上，即我们可以把一个国家或地区，由于灾害或战争，从降低了的起点上回归并超过自己以往的增长速度，看作是一种趋

　　　　　　　　　　　　／ "卑贱者" 最聪明

同。"趋同"就意味着超越常规的速度，就意味着奇迹的诞生。

应该说，上述对于重建创造奇迹的解释，都有一定的说服力，但是也都在理论上留下了不尽如人意之处。这是因为，这些假说所仰仗的创造奇迹的因素，归根结底还是常规的因素，本身并不具有奇迹的内涵。例如，人力资本并不会因灾难而提高，没有灾难也可以通过改革而消除利益集团的非生产性质，趋同则更多的是发生在非灾难时期。可见，更可靠的解释，应该到一种灾难发生后，在具备特定条件的时候，可能产生的一种非常规因素中去寻找。换句话说，我们要探究的是一种只有在灾难之后才可能出现的特殊增长要素。

解释经济增长的原因，就是经济学家的天职。而解释难以解释的奇迹般的经济增长，则自然成为经济学家日思夜想的题目。记得美国经济学家曼昆说过一句话，大致是这样的：经济学家一旦开始思考经济增长的原因，就再也难以放得下。难放下固然反映了经济学家的执着，其实也反映了迄今为止他们还没有取得真经。在经济学实验中，人们解释经济增长因素的视野的确是越来越广。最初人们只关注资本、土地和劳动三种有形的要素，以后逐渐把人力资本这种无形的但是更具有解释力的要素提炼出来。但是，在这些因素的范围内，经济增长还不能完全得到解释，于是在增长模型中形成了一个解释力的残差。经济学家敏感地注意到，这个残差项实际上是经济增长中最为重要的因素，所以给它起了个名字叫"全要素生产率"。

就像为"美丽"起名字叫林黛玉仍然解释不了美丽这个要素本身的内涵一样，经济学家也知道，"全要素生产率"毕竟还是个"残差"，标志着经济学认识力的有限性。因此，他们像曼昆一样，继续寻找尚未找到的因素。在关于经济增长的模型中，多年以来经济学家尝试过放入上百个变量，并且都或多或少具有显著的解释力，但是，对这些成果，没有人感到足够的满意度，经济学家还在漫漫之路上求索。

在四川特大震灾之后，一个传统经济学观察不到，解释不了的重大要素终于呈现在我们面前：亲临一线的总理、奋不顾身的军人、救死扶伤的白衣天使、献出母爱的女警官、献出生命的飞行员、热爱学生的教师、阳光灿烂的"可乐男孩"和"敬礼娃娃"……在救灾中显示出来的那种精神，套在以往的任何学术概念上都不尽恰当——无论是叫社会资本，还是叫软实力，或者叫社会凝聚力。有了这个要素，可以把经济学家所发现的所有其他变量发挥到极致。于是，我们干脆就像它所反映出来的那样，叫它"众志成城"。

对表与赶超

——从黎明即起的西雅图想开去

　　按照什么样的风格和形式，把用另一种语言表达的文学和艺术作品转化为中国人可以理解的形态，翻译者见仁见智，大可以八仙过海、风格各异。然而，对于翻译来说，百花齐放的限度是忠实原著，以便使中文读者、听众或观众获得关于原著的正确信息。准确地重现原著所表达的微妙信息并不是十分容易的事情，对翻译者的语言能力、学问造诣，甚至学风，都有很高的要求。有的时候，或许是翻译者自己没有搞清楚，或许是翻译者有营销方面的考虑，连作品的标题都没有搞准，结果造成中国受众的误解。

　　最近，经济学家梁小民就遇到了这样一个翻译中表达不准的例子，虽然结果是幸运的，读者得以品味梁教授一篇颇有信息含量的随笔文章，而且我本人相当同意梁教授的高论，但译名不准确仍然可能误导读者对原作的理解。这里说的是最近一部引起轰动的美国故事片《美丽心灵》，以及搭车而趁势热销的诺贝尔经济学奖获得者约翰·纳什的传记。梁教授不情愿把约翰·纳什生活中的所作所为概括为中国人理解的"美丽心灵"，所以推测说书的原作者本意是把美丽心灵的桂冠戴给纳什的妻子艾丽西娅，或者更广义一点，"美丽心灵"泛指所有在纳什患病期间给予支持、帮助与理解的亲人、同事、师友，特别是普林斯顿大学的爱心。如果这样理解的话，无论是娜萨再现的纳什"天才－疯狂－再度觉醒"的人生三部曲，还是导演霍华德问鼎奥斯卡奖的大片，就只剩下"鸣谢"这一点点信息了。

其实，如果我们从美国文化（英雄主义和个人主义高于一切）、作品的原名（传记书名为 *A Beautiful Mind: Genius, Schizophrenia and Recovery in the Life of a Nobel Laureate*，电影名为 *A Beautiful Mind*），以及传记文学内容本身（参见序言开头引用的华兹华斯诗句）等几个角度综合观察，无疑作者的原本意图是写大脑——天才的大脑，丧失理智的大脑，奇迹般又恢复过来的大脑……

类似的例子是对另一部美国电影《不眠西雅图》片名的翻译。原文是 *Sleepless in Seattle*，讲的是主人公们难以入睡，却不是这座城市通宵不眠。所以，我比较喜欢把这部片子叫作《西雅图人未眠》。这样，无论是意境还是内容，都与原作更加贴近一些了。正是在这部好莱坞大片问世并引起轰动之后，西雅图市的市长要求城市灯光彻夜不熄，因而西雅图自此成为名副其实的不夜城。

但是，与艺术作品中所描写的不同，西雅图人其实是早早入睡的。

这也和美国其他都市人如纽约人习惯于享受夜生活的生活方式有所差异。几乎是每晚十点钟以后，即同一时间在东部城市正是华灯初上之时，西雅图街上已经是行人寥寥了。不难观察到的是，西雅图人早睡是为了早起。我在西雅图有过几次凌晨赶飞机的经历，刚刚五六点钟的时间，高速公路上便开始了车水马龙的竞赛，机场内外更是不堪拥挤。我曾经向美国朋友请教过何以西雅图人如此早睡早起，回答是为了赶上东部的生活节奏，无论是就传统形成的习惯而言，还是就现实经济生活的需要而言。

美国本土东西绵延四千五百公里，跨越四个时区，分别为东部时区、中部时区、山地时区和太平洋时区（本土之外还有夏威夷时区和阿拉斯加时区）。赶早的西雅图人，搭飞机的是为了在白天赶到东部，以便能够工作；不搭飞机的则是要直接与东部的经济活动接轨，比如说纽约股票交易所是按照东部时间开盘、歇盘的，华盛顿特区的政治家们也是按照东部时间发表讲话、发布新闻和进行辩论的。历史上，政治、经济和文化的中心最早在美国东部地区形成，以至一个一体化的国家，一切活动都要以那里的时间和节拍为准。用美国人的语言说，这叫作 catch-up。这个词组当作动词使用时，恰好是经济增长理论中所谓的"赶超"。

西雅图是华盛顿州名气最大的城市，位于美国本土的西北角，大抵上与中国新疆维吾尔自治区所处的位置相类似。其实，中国地域广阔，由东至西也跨越了五个时区，乌鲁木齐就比北京晚两个小时。

与美国不同的是，中国实行以北京时间为准的统一时区制，而放弃了考虑地理位置造成的时间的自然属性。但是，进一步的不同由此产生：与美国大陆分不同时区，人们却在实际生活中追赶经济中心的时间表不一样，虽然中国的时钟是大一统的，人们却按照自然的方式日出而作，日落而息。在新疆，正常开始工作的时间是北京时间十点整，或者直截了当地说是当地时间八点整。在生产和生活的节奏上没有能够 catch up，经济增长也就很难做到"赶超"。

从认识时间到度量时间、掌握时间、形成时间文化，从观察昼夜交替、春去秋来，到利用日晷、水钟，直到发明机械钟，进入数字化计时时代，人类与时间及其计量的关系史就是一部科学与技术进步的历史。随着计时工具越来越摆脱自然流逝的方式，形成独立和周而复始的钟摆运动，时间计量也就越来越精确，由此出现两个新的事物。第一个事物是权威，不仅是政治的权威，更是经济的权威。一个地区作为经济中心的真实含义就是其作为时间标准的地位，而其他地区与经济中心的一体化，也是指这些地区对该中心时间的尊重和遵循。第二个事物是生产率。正如美国经济史学家戴维·兰德斯指出的："劳动生产率概念是时钟的副产品。"有了精确计量时间的手段，时间便成为一种最为稀缺的资源，用时间来度量生产效率就成为必要。

据考证，一致认同的时间起源于火车时刻表的统一。即便到了工业革命蓬勃兴起的时候，英国各地仍然使用自己的时间，因此，最早在 1784 年出现的具有时刻表的马车载运服务，只能标明出发时间而无法确定到达时间。直到 1847 年，各家从事火车载运业务的公司才聚集在一起，达成了以格林威治时间为标准的火车时刻表。随后，在各行各业纷纷仿效的情况下，1880 年英国政府通过立法，把格林威治时间定为法定的统一时间，从根本上改变了日出而作、日落而息的自然经济的生产方式和生活方式，顺应了资本主义生产方式的要求。

不同的时间概念和观念表征不同的文化，以及这种文化所属的经济发展阶段。早在 5000 多年以前，古巴比伦人和古埃及人就学会了计量时间。但真正意义上的钟表（机械钟），是在 13 世纪地中海国家发明的。从机械技术上讲，西方国家垄断机械钟的制造长达 300 年之久；而从精确度来讲，这些国家占据了更为长久的统治地位。与此同时，西方长期以来成为世界经济的中心，以至任何试图赶超的国家，都需要"对表"——借鉴先行者的科学、技术、生产方法、观念、文化，对一些国家和地区，甚至还包括照搬其意识形态、法律制度等。许多在近代落伍的民族，都有过拒绝"对表"的教训。

例如，封建帝制时期的中国，朝廷和官员们把西方传进来的时钟看作是奇技淫巧，仅仅将其当作玩物赏玩，却绝不打算学习其制造技术。伊斯兰国家企图模仿时钟的制造，却将其仅仅用于祈祷时间的规定，从未尝试用于公众目的。这些国家错过了"对表"或赶超的机会，携自身数千年的辉煌文明，反而远远落后于西方诸国。

据经济史学家麦迪森估计，在整个 18 世纪，中国还保持着比欧洲高的 GDP 增长率，而从那以后便愈益衰落，直到中华人民共和国成立之前，GDP 增长率一直为负数。

有人曾经在 31 个国家进行过一项题为"生活步调"的比较研究，使用"在城市人行道上的行走速度"、"邮局职员售出一枚普通邮票的速度"和"公共场所时钟的准确度"衡量人们的生活节奏。该研究最后以"时间的地理分布"为题发表，荣膺生活步调最快头衔的五个国家分别是瑞士、爱尔兰、德国、日本和意大利，被认为生活步调最慢的五个国家分别是叙利亚、萨尔瓦多、巴西、印度尼西亚和墨西哥。美国名列第 16 位，恰好居了个中游。人类学家在特利尼达观察发现，如果一个聚会计划在傍晚 6 点钟开始，人们只有到了 6 点 45 或者 7 点才会露面，并且不无自豪地说："任何时间都是特利尼达时间。"

拒绝"对表"，意味着顽固地保持自己落后的时间价值观，按照经济增长理论的说法，就是拒绝改变自己的经济稳态。由此产生的后果则是不能形成并积累起进行赶超所必要的条件。这些条件包括诸如科学技术水平、人力资本、生育观念、市场制度、投资环境等等。20 世纪 70 年代末以来中国实行的改革开放，其含义就是面对现实，承认经济与技术上的落后，与发达国家"对表"。新世纪伊始中国加入 WTO，则进一步把自己的时间表置于国际法的框架内给予规范，以更加准确的时间作为参照系。对于西部大开发战略来

　　　　　　　　　　　　　　　／　"卑贱者"最聪明

说也是同样的道理，经济落后地区需要在技术、体制、市场发育程度，乃至生活节奏等诸多方面赶上发达地区的钟点。

　　波音公司至少是与微软齐名的大企业，曾经把总部设在西雅图。然而，尽管西雅图市长、华盛顿州长和当地老百姓一再挽留，波音公司总部还是义无反顾地迁到了芝加哥。公司老总解释说，把这样一个国际化的超级企业设在这个天涯一隅，实在是不方便生意。仅仅从这里飞到首都华盛顿特区就需要 6 个小时。作为如此庞大企业的领导人，每年至少要进行 15 次这样的旅行，加上时差，每次耽误的实际时间和虚拟时间竟需要 10 个小时。无论是离去的还是留下的西雅图人，无论是比尔·盖茨一类的名人还是普普通通的老百姓，其匆匆行色所告诉我们的道理是：不对表是不可能 catch up 的。

专业领域的名人及其"物"与"值"

    经济学家巴罗把一件童年记忆，变成了一篇经济学随笔，提出了一个耐人寻味的问题：为什么名人们不会在鼎盛时期急流勇退。在 6 岁时，巴罗第一次坐在电视机前观看了一场重要的棒球赛，这恰好是一位著名老球星迪马乔和一位正在上升的新星同场献技的比赛。在这场比赛中，已届退役年龄的迪马乔表现不佳，并且还妨碍了那位新星的发挥，间接造成后者受伤。这次看球赛的经历给小巴罗留下了疑问，令他百思不得其解。第一是为什么过气儿球星不肯让位于新人？第二是观众为什么对宝刀已老的迪马乔如此宽容？第三是为什么老爸的看法与自己不一致（巴罗的爸爸仍然迷恋于迪马乔的出场，丝毫不觉得他的表现有任何值得负疚之处）？

    多年以后，早已成年的巴罗查阅了当时的比赛记录，发现实际上两个球星在那个赛季的表现相差无几。但是，由于同样的表现可以反映不同的状态——老球星正处在强弩之末，而新星正在冉冉上升，所以巴罗对这件事仍是耿耿于怀，以至半个多世纪以后，当那位老球星去世时，巴罗终于写下这篇文章——《乔·迪马乔》。

无独有偶，一部根据畅销小说《亚特兰蒂斯心心相印》(*Hearts in Atlantis*)拍摄的好莱坞电影，也通过主人公转述了一个类似的故事。片中，由安东尼·霍普金斯主演的一位神秘老人，给他的忘年交——11岁的男孩讲述了亲见的一位伟大橄榄球星的最后比赛。当那位赛后即将退役的老运动员在比赛的关键时刻，几乎是步履蹒跚地冲向底线时，全场观众为之欢呼鼓劲，甚至对方的运动员也不忍阻挡他，终于让他给自己的职业竞技生涯画上了圆满的句号。

　　与迪马乔的故事相比，巴罗似乎对于迈克尔·乔丹第二次重返NBA球坛表现出更大的不以为然。凑巧我的女儿后来从电视上观看了乔丹最后一次（巴罗一定会叹气道：但愿如此！）告别比赛。那是一场美国东西部对抗的全美明星赛。好像事先有了约定似的，无论是本队球员还是对方球员，都在为乔丹创造机会，希望他给观众留下完美的记忆，圆满告别NBA。最后，乔丹却未能尽如观众所期盼。这场景固然感人，全美明星赛也的确带有表演性质，所以，对观众和其他球员来说，成全乔丹这个一代巨星无疑是正确的。但是，无意中"巴罗疑问"再次得到佐证。

　　按照上面讲到这些故事的线索，也根据各行各业流行的年资惯例，我利用下图来示意，把专业人士的表现与他们的收入之间的关系做一番考察，看他们在职业生涯每个时期的表现是否物有所值。这里，"专业人士"泛指运动员、歌星、牧师，以及物理学家和经济学家等。"收入"则泛指货币报酬、出场机会、观众的宽容度等，而"表现"则泛指比赛、表演、布道、做实验和发表文章等。

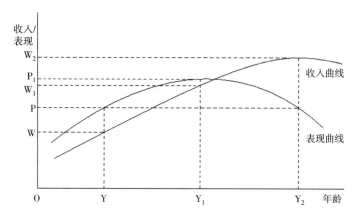

图中，横轴表示专业人士的年龄或者工作经历，纵轴表示他们的实际表现以及广义收入水平。由于"表现"随着年龄的增长而呈现为一条更接近钟形的抛物线，而"收入"随着年龄的增长不那么急于下降，所以，同样的表现却可能获得不一样的报酬。例如，巴罗为之打抱不平的年轻球星在年龄为 Y 时，与廉颇老矣（年龄为 Y2 时）的迪马乔表现完全相同（皆为 P），却获得低得多的报酬，即 W<W2。其实，即使有一位年龄在 Y1 的球星，表现远胜于过气儿巨星迪马乔，即 P1>P，也可能只获得低于后者的报酬，即 W1<W2。

由此可见，明星或资深人士在他们职业高峰之后不情愿急流勇退，是有激励方面的原因的。在他们的收入决定函数中，不仅包含他们当前的实际表现，即真实人力资本和努力程度，还包含他们的名气带来的租金，还与观众（消费者）寻找替代他们的新偶像的成本有关。从表面上看，名气租金在某种程度上是合理的。首先，我们可以把这看作是明星在成功之前所付出的风险投资的持续回报。明星追逐成名与科技风险投资一样，投入甚多而成功概率极小。所以，如果专业青春不能常驻，或创新的技术可存活周期短暂的话，则这类投资有可能回报不充分。此外，观众在找到可以取代心中偶像的新人之前，由"这一个"的表现中仍然可以获得消费者剩余，愿意对之报以奖励也无不可。但是，如果确有表现更好的明星存在的话，上述定价机制就出现问题了。

我们可以看到的是，由于存在着可供替代者，消费者归根结底是支付了超额价格，而得到的是质量较低的享受。设想年龄在 Y1 的球星表现远胜于年龄为 Y2 的球星，观众却对后者支付了更高的价格。不过，由于观众乐于回味后者当年雄风，消费者剩余或许并没有减少。如果不对前一个球星的成长造成负面的激励效果，可能倒是各得其所。例如，假设年轻的球员把名气积累到一定程度才获得的预期收入作为自己的回报，把"媳妇熬成婆"作为激励自己的动力，这种机制看上去倒也并不造成激励扭曲。

然而，我们先前假设观众口味没有偏颇，只是因为没有寻找到可替代他们心中偶像的新人，或者未能准确地预测到新人未来的成就，而只好因循守旧，继续迷恋过气儿明星。这里，年仅 6 岁而且是第一次在电视机旁观看实况转播的巴罗，成为一个很好的参照系。由于他此前没有观看过比赛，心中没有形成对迪马乔的先入之见，所以，他寻找新人并预测新人未来发展的心理成本最小，也就能够相对客观地发现问题并提出疑问。

更重要的激励问题出在下面。既然在年轻的球员看来，获得高回报的唯一判别标准是名气，而不是实际表现或真实水平，激励就的确被扭曲了。这时，单纯地追求名气而不是努力提高运动水平，就成为一些"聪明人"的成功捷径。于是，专业领域的假冒伪劣就层出不穷，抄袭、剽窃等学术腐败由此滋生，甚至如向赵安一类（泛指各种专业奖项）具有名气授予权的权威行贿，采取不正当手段收买选票和黑哨，也就难免不发生。除非一个人不食人间烟火，否则一定会注意到，在学术界，这样的激励扭曲已经达到登峰造极的地步。具有决定他人专业地位高低，甚至掌握着他人专业生涯生杀予夺权力的各种委员会，常常面对门庭若市的游说，一旦把持不住自己，就与那些握有资源分配大权的腐败官员同样，陷入不可逃避的陷阱。

问题在于，既然是观众，或广义一点说是受众自愿为名气大的专业人士支付更高的价格，上述可能的激励扭曲可以怎么避免呢？我想到有两个办法可以尝试。

第一是从评价机制上想办法。必须承认的是，一般非专业受众（观众、听众、读者）并不能够成为专业评价的最后裁决人，即不仅没有必要的专业知识衡量诸如经济学家的优劣，实际上常常也不具备

／ "卑贱者"最聪明

辨别演员和运动员水平高下的能力。虽然这样说并不意味着我们可以忽视非专业受众的利益和口味，但是，却有必要把这类"产品"的市场划分为流行性市场和专业性市场，让普通受众的货币或非货币选票去奖励流行性市场上的明星和过气儿明星，而由专业性市场按照专业标准，评价专业人士的真实水平和实际表现，给予专业性的褒贬。后一种评价机制应该不受任何行政权威或流行观念的干预，其评价结果可以指导流行性市场的观念。比如，一般的音乐爱好者通常听不出音乐家之间的差别，所以观众在听说李云迪获得肖邦大奖之前，宁愿去听殷承宗、鲍蕙荞或者刘诗昆。而一旦李云迪被一个专业评价机制肯定，并且这个信息为听众所知晓，李云迪就逐渐为普通观众所接受，并成为新的偶像。

第二是从过气儿明星的角度提些建议。我相信，名人自然真正有过"当年勇"，而且，名人的胸怀应该是宽阔的。他们希望自己能够再创辉煌，只是因为自然规律和专业发展规律而难以完全保持自己的体能，或者更新自己的知识结构，因而，面对新生代的崛起难免英雄气短。一个解决的办法是与年轻一代合作，通过长短互补而保持专业生涯的青春。运动领域的合作模式是让过气儿明星当教练，把自己的经验倾注到新人身上，借新人的表现而展示自己不老的雄风。表演艺术领域的合作模式是同台献技。如当年李文华与姜昆的合作，就创造了一个成功的新老优势互补、相得益彰的事例。在学术界也是一样，名人即使已经过气儿，也仍然在受众市场、问题意识、研究经验等方面具有比较优势，而新人的知识结构、初生牛犊不畏虎的冲劲儿，也恰好是名人们所缺乏的。

不过，在这类合作中，我绝对不打算倡导名人与新人之间的不正当互相利用：我用你的名气推销残次品，你在被人揭露有抄袭行为时用我的没名气来打掩护。要是这样的话，就只有加里·贝克尔这样的能够把道德问题、犯罪问题都纳入分析对象的经济学帝国主义者，才乐于对之进行经济学分析，一般的经济学家都要退避三舍了。

人多势不众
——政策决策中的免费搭车

　　至今还记得毛泽东的一句名言："寄上三百元，聊补无米之炊。"那是"文化大革命"后期，一位插队知青家长写信向毛泽东反映知识青年"上山下乡"遇到的问题后，毛泽东回信中的一句话。当时我还是中学生，算是个后备知青，记住了这句话应该不是垂涎那三百元钱，而是感到毛主席关心知识青年的温暖。在改革开放的新时期，我们也常常被一些报道所感动。譬如某某地方的领导视察工作时发现了群众的疾苦，或者因无意中收到一封群众来信反映干部腐败，旋继拍案而起，快刀斩乱麻般地解决了问题。

　　但是，听到这样的报道多了，也会在脑子里冒出一些小人之见：如果这位领导不是凑巧遇到了反映问题的老百姓，或者如果他凑巧错过了那封群众来信，他是否知道群众的苦和冤呢？换个角度看，如果那些有苦欲诉、有冤待伸的群众凑巧长期遇不见这种为民做主的领导，问题是否能够得到解决呢？

　　其实，从报纸和电视新闻的解决问题的正面报道中，我们也能够推出反面的结论，那就是群众有大量的问题，需要政府为民做主，但常常是反映不上去，因而得不到解决，以至《焦点访谈》之类的新闻节目成了抢手的香饽饽。再进一步猜想，实际上更多的现象是，群众有意见，但一则投诉无门，二则事情太小，以至"懒得告状"。特别是，中国老百姓多年来习惯于官为民做主，遇到民告官的情形，实在也不知道该进哪家衙门。说穿了，告状也好，投诉也好，提意见也好，成本都太高了。

政府职责是要由官员执行的，官员们都是血肉之躯，有被诱使犯错误的七情六欲，却没有明察秋毫的三头六臂。于是，从老百姓的角度来说，总是有苦要诉、有冤要伸的。假设官员了解群众疾苦或冤情的渠道很狭窄，能够得到解决的问题就自然比解决不了的问题多。而遇到问题产生于老百姓与干部之间的对立时，问题就更是很少有机会得到解决了。所以，我们从新闻中听到的和看到的，常常只是群众要求解决的问题中的一小部分。

我要承认，能够引起官员们注意并最终得到解决的问题，通常是那些事关重大，如不及时解决就会积累不安定因素的老百姓关心的问题。按照抓主要矛盾的工作方法，这种先解决重大问题的做法，无疑是讲效率的。毛泽东当年亲笔回复知青家长的来信，就是看到了知青问题涉及千家万户，问题成堆且积重难返，因而有必要以最高指示的形式引起各级干部的重视。

现在剩下来的则是老百姓居家过日子中的芝麻小事，尽管劳心烦人，却往往不能引起当官儿的重视。虽然这类事情的发生最为普遍，牵涉面最为广泛，却具有一种"不幸的家庭各有各的不幸"的特点：张家愁的是食无鱼，李家烦的是出无车，赵家不满的又是居无竹……所以，老百姓人数虽多，却人多势不众，形不成强有力的反映意见的共同声音。经济学家把这种人数众多却声音微弱的现象叫作"数量悖论"。人太多了，每个人遇到的问题不尽相同，任何一个人都难以反映所有人的需要；人太多了，意见就难以统一，达成一致行动更是难上加难；人太多了，没有人乐于出头反映意愿，总是希望别人出面，自己搭车。

结果便是，普通老百姓在日常生活中每时每刻遇到的问题，往往是最容易被人忽视的，因而也是最不容易得到解决的问题。人们常常举电信行业的垄断与反垄断之争，作为消费者的意见开始具有影响或至少具有干扰政策的效果的例证。但在看到如手机、寻呼机等移动通信工具用户，有了一定的呼声并得到或积极或消极的反馈的同时，人们却没有注意到，有一群规模更大、更普通而不起眼的消费者，被北京的电信部门大大地"坑"了一把。

曾几何时，北京的街头、商店、宾馆和邮局布满了磁卡电话，电信部门狠狠地发行了一批磁卡，旋即又在一夜之间撤除了几乎所有的磁卡电话机。兜儿里装着磁卡的消费者面对着只接受 IC 卡的公用电话，唯有叹气的份儿。虽然这部分消费者不在少数，但彼此并不相识，况且每人损失往多里算也不过三五十元、百八十元而已，所以决不像人数虽少却利益攸关的手机用户那样慷慨激昂地争取自己的利益。所以，这些买了磁卡的消费者眼巴巴地交了一笔"税"却"懒得告状"。即便有人抱怨了，也会由于人多势不众而无功而返。

"数量悖论"实际上是政治市场失灵的一种表现。人民政府总是要关心人民利益的，政府就要想办法消除这种"市场失灵"现象。邓小平曾指出一个国家过分依赖个别领导人的现象是不正常的。老百姓的意见要靠运气碰上领导人出巡才能得到反映，靠双重的运气碰上乐于为群众办事的领导人才能得到解决，是行政机制不健全的表现。所以，依法行政不应该仅仅是等到老百姓把意见反映上来，才去依法解决问题，更应该建立起相应的机制，使老百姓的意愿和意见能够反映上来，并且反映意见的渠道要通畅，反映意见的成本不能太高，否则依法行政离开老百姓的利益就仍然太遥远。

"卑贱者"最聪明

"卑贱者"最聪明

——关于非法电信经营者和驯猴人的故事

计划经济的一个潜在的理论假设就是：位于较高层次的计划者具有较为完善的信息，以及较高的智慧。虽然我们终于放弃了计划经济，这种观念却远远没有被经济决策者所摒弃。无论在日常的经济决策中，还是在制定改革方案和策略时，经济学家和决策者的精英意识以及智慧上的优越感处处可见。尽管他们因此而不断地犯错误，但这种优越感太强了，以致他们从来意识不到自己的错误。理论界曾经有过一种说法，叫作"政策好，难兑现"。从精英意识出发，你可以把这句话理解为"经是好经，只是被歪嘴和尚念走样了"。但是，如果你放弃这种精英意识，不妨对"上有政策，下有对策"的现象做一番认真的研究，权当是一种逆向思维的训练，你可能会得出一些全新的结论。

我曾经在电视节目中看到一个报道，说的是广东某地有人利用香港往内地不同地区打长途电话的费率差别，建立"非法"的电话中转站，赚取差价。机理大致是这样的：从香港打电话到北京每分钟是 9.5 港元，打到广东为每分钟 3.4 港元。而从广东打电话到北京则是按"国内"长途话费，约合每分钟 1.5 港元。这个位于广东某地的电话中转站"非法"地为从香港打往北京（显然不只是北京）的电话中转，收费为每分钟 6 ～ 7 港元。如果我们只考虑消费者和"非法"经营者，前者每分钟电话费用少支出 2.5 ～ 3.5 港元，后者从每分钟的通话中赚取了 1 ～ 2 港元的差价，似乎皆大欢喜。然而，内地电信部门却宣称这种"非法"经营造成该部门 4000 多万元人民币损失。

我们把这个例子简化一下，假设内地电信部门的损失为 4000 万港元，又假设每分钟 9.5 港元的通话费全部为该部门获得，现在内地电信部门仅仅收取到每分钟 4.9 港元（3.4+1.5）的通话费，意味着电信部门 4000 万港元损失，是由于在约 14.5 万小时的营业中每分钟少收取 4.6 港元而造成的。对这种"非法"经营予以取缔和严打显然是必要的。可是，我们不禁要问的是：为什么会有这样的空子给"非法"经营者来钻？为什么消费者与"合法"经营者的利益不一致呢？是不是可以把一个比内地电信部门公布的 4000 万元损失还大的数字，看作因内地电信部门的垄断经营从消费者那里剥夺的"消费者剩余"呢？经济学界在这方面已经展开了广泛的讨论，本文的目的却不在此。

从报纸上面读到一个马来西亚的例子，与我想表达的意思更贴近，这里我转述给大家。由于过去十年经济相当景气，因而开发商

／"卑贱者"最聪明

把成片的椰子树砍伐掉，以开发房地产；受城市较多的就业机会和较高收入的吸引，年轻人也纷纷离开椰子种植园。其结果是，在这个椰林遍布的国家，椰子的供给陷入严重的短缺，一些主要产地现在的产量比以前减少了一半还多，价格因此大幅度上涨。椰汁不再是一种便宜的饮料，消费者要承担比过去高75%的价格，一颗椰子的价格高达2林吉特，上涨了一倍。

对中国人来说，这个变化可能并不会引起很大的关注，毕竟，椰子这种东西不是生活必需品，需求的价格弹性理当很高。记得中国价格改革就是从对于居民生活无关紧要的红果开始的。但是，椰子对于马来西亚人生活的重要性显然高于红果对于中国人生活的重要性。消费者开始愤怒了，向政府发泄其不满。

结果是政府作出了及时的反应——决定对椰子的价格进行管制。管制价格定在大约1.3林吉特的水平，比市场价低35%。这是一种典型的政府对价格上涨以及消费者抱怨的反应行为。但干预的后果会是怎样的呢？首先，不会对供给的增加提供任何帮助。正如马来西亚一位政府官员自己所说的，椰子取摘行业正在消亡，因为现行的报酬不足以吸引人们从事这种工作。这是指每个椰子拿到市场上可以卖两个马来西亚币的情况而言。那么，椰子价格被压低35%的情况会带来更大的刺激吗？显然不会。其次，既然价格抑制只会进一步减少供给，则马来西亚人民所不可或缺的椰子消费只有靠进口来解决。但是，在国内价格被人为压低的情况下，进口椰子的价格仍然低于国内价格还好说（不过这就意味着马来西亚生产椰子的绝对优势已经丧失），如果进口椰子的价格高于国内价格，则政府必须给予补贴，否则就无法控制国内价格了。

我们再来看一看，在政府作出这种似乎劳而无功的政策选择的同时，一些"卑贱者"——驯猴人是怎样利用这个经济机会的。既然工人不愿在较低工资水平下从事摘椰子的工作，驯猴人决定用猴子来替代人工取摘椰子。猴子替代人工取摘，一下子表现出几种优越性。第一自然是降低了成本，替代本身就证实了这一点。据说猴子除了早餐要吃生鸡蛋、喝牛奶外，其他两餐只吃米饭（猜想马来西亚驯猴人不会用"朝三暮四"的把戏盘剥猴子）。而且，每逢斋月猴子并不守斋，本可以照常工作，只是因为驯猴人要守斋，猴子也借此机会提前两个小时下班。第二是提高了生产效率。根据在一个总面积为 25 公顷的种植园的调查，现在猴子在一个月内可以摘取 7.5 万 ~ 8.5 万颗椰子，而过去用人工，在同一时间内只能取摘到 4 万颗。第三是增加了产量。猴子爬树自然比人技高一筹，因此可以取摘到那些长在椰树最顶端，而过去人工取摘时因鞭长莫及而放弃掉的椰子。

与政府相比，驯猴人对资源流失和人工不足造成的椰子短缺现象作出的反应要更为积极。从这个意义上，我们可以得出的结论是"卑贱者"最聪明。与此同时，我们却不能按照逻辑得出另一个结论，即"高贵者最愚蠢"。因为，从政策制定人的立场出发，我们也可以观察到他们面临的制约。也就是说，从政策制定人的目标函数看，看似"愚蠢"的政策反应，也有其背后的政治经济学逻辑。

对于中国的电信部门来说，保持其在电信业的垄断地位意味着高额的垄断利润，该部门对中央财政的"贡献"和本部门职工的就业和福利（国有交通运输和电信部门职工平均工资比全国平均水平高 38%）显然是必要的；对于中央政府来说，从国家安全的角度来看待电信行业，以及顾及该行业几百万职工的就业稳定，也是合情合理的。而马来西亚政府面对消费者的抱怨，为了维护社会的安定（我们假定椰子在这个国家具有"民以食为天"那般重要的地位），也必须对椰子价格上涨作出某种反应。

在政府政策与经济当事人不同行为逻辑的互动中，即聪明的"卑贱者"不断地为不见得不聪明的"高贵者"出难题，迟早要导致改革的成本收益向着另外一个方向转变，那时，政策调整便是水到渠成的。所以，面对"非法"的电信经营者和驯猴人的出现，不必急于寻找改革的线索，只要这些现象能够出现，本身就足够了。

"卢卡斯除外"：吸烟的外部性及其解决方案

北京市政府作出从 1996 年 5 月 15 日起公共场所禁止吸烟的规定，引起众说纷纭，当然大多数议论是持肯定态度的。我这里并不想对此擅加批评，而且我本人认为，无论是从个人健康考虑，还是从公共环境考虑，减少吸烟都是有利于提高我国人力资本水平的。所以北京市的"禁烟令"很可能是好事一桩。不过，吸烟在经济学中倒确实是一个不乏讨论的问题。换句话说，经济学应该告诉我们，吸烟在何种场合下是纯粹个人的事，又是在何种场合下值得政府立法来干预。

教科书中通常是把吸烟与所谓"外部性"联系在一起。后者可以通俗地解释为一个人的个人行为对于第三者产生的不可避免的效果。这种效果可以是有利的，也可以是不利的。例如，邻居家繁花似锦的花园就是一种对你有利的正外部效果，而半夜三点钟响起的嘈杂音乐和会议室催人泪下的劣质纸烟气味，显然是于人不利的负外部效果。以往，外部性在经济学中的意义在于，这些外部性不能通过交换进行选择，即不存在使人心旷神怡的花园、半夜扰人音乐

/ "卑贱者"最聪明

和呛人烟雾的市场。自科斯的理论被经济学家反复引证以来，上述的观点似乎不再正确，而成为一种神话。

据说 1995 年诺贝尔经济学奖获得者卢卡斯是位嗜烟如命的"瘾君子"。每逢上课，卢卡斯教授走进课堂的第一件事就是拿出烟灰缸，点燃一支烟，而且一直到下课铃响，始终是边吞云吐雾，边阐发他的理性预期理论。在卢卡斯获奖之后，一位他原来的同事为报纸撰文介绍他因其获奖的贡献时，顺便披露了关于卢卡斯吸烟的两则逸闻。一件事是讲这位与卢卡斯共事的教授本人是个厌恶香烟味道的人，他的办公室门上总是贴着一张字条，写明入此办公室"禁止吸烟"，不过，后面还补上一句："卢卡斯除外。"由于这位教授认为与卢卡斯探讨经济学问题所能带来的智慧上的收获，足以补偿令人不快的烟味而有余，因而交换发生了。由此也证明了呛人的烟雾的市场事实上是存在的。

还是这位教授（著名宏观经济学家巴罗教授）。他后来在美国的另一所大学教书，一次他邀请卢卡斯到他任教的班上给学生作一个讲座。本来，卢卡斯已经应承下来。然而，讲座在即，这位教授突然接到卢卡斯从出发地机场打来的电话。卢卡斯很为难地解释自己不能按时赴会了，因为所有的飞机都没有吸烟席，而若几小时的飞行不能吸烟则无法忍受。言下之意则是不吸烟毋宁爽约。这一情况使那位教授十分为难，因为讲座已经迫在眉睫，经济系的学子们早就翘首以待。于是在电话上问卢卡斯还有什么办法可想。后者其实早有埋伏，此时才直言相告，还有一班飞机的头等舱可选。这意味着邀请方要多破费一些了。不过这位邀请人毫不犹豫，立即同意支付头等舱的费用。毕竟，救场如救火嘛，何况卢卡斯的学问是找不到替补队员的。这里，市场机制又一次发挥作用。

人们遇到诸如环境、资源等问题时，十分习惯于援用"庇古教条"，即认为由于这是存在外部性的领域，所以政府干预是情理之中的事。但是关于吸烟的故事并不支持这个教条，而表明对于不利的外部效果也存在市场解决的可能性。实际上，科斯定律讲的也是这个道理。不过，在科斯那里，首先强调的是不存在交易费用这个前提。如果放开这个假设，也许当个人对于是否禁烟无能为力时，某些其他类型的制度安排就有必要了。

比如说，前面例子中的那位卢卡斯的同事可以在自己的办公室里和自己的课堂上选择香烟的污染与学问的教益孰重孰轻，但学生在一门规定的必修课上就无法选择。于是，如果校方认为纵然卢卡斯的学问再好，也不及给学生一个清新的课堂空气更重要，或者学生自己作出这样的权衡，故而给校方施加压力，通常学校当局就可能作出教授一律不得在授课时吸烟的规定。这种安排类似于我们的一些单位作出不得在公共的办公室吸烟的土政策，也可以类比于对外部性的社区解决办法。

不过，世界上总还是有一些场合，在那里局部政策不能奏效，或者对吸烟的局部权衡与宏观权衡不一致。比如餐馆老板担心失去

　　　　　　　　／"卑贱者"最聪明

顾客而不愿禁烟，而这种对吸烟的纵容可能伤害另一部分顾客。当社会对吸烟的危害性看得越来越重时，不吸烟的人就会发起各种形式的游说活动，敦促当局立法。到了禁烟的呼声大到一旦有禁烟法规颁布，政府可能得到更多的支持和更高的信任度时，通常公共场所禁止吸烟的法规就会发布。于是，事情便进而发展成为政府行为，正如北京市政府所做的那样。

本文意图不在表明是否支持禁烟，只是以吸烟的故事来说明，外部性的存在并不天然地要求政府出面干预人们的日常活动，而是依赖于不同的情形，可以分别通过个人之间的协议、社区性的制度安排或政府立法来加以解决。譬如，对于环境污染这样的社会经济现象，强制性禁止不是唯一的也未必是最适宜的解决办法。也许根据发展和污染的轻重缓急，可以用市场的办法拍卖排污权来解决。或许正是在这个意义上，张五常教授主张放弃使用外部性这个概念，而代之以观察是否存在有效的协约。而这种协约既可以是个人之间的，也可以是社区范围的，或者是范围更广泛因而非得政府介入的。

经济学规律的善用与滥用

美国流行一种销售商品的方式叫退费促销（rebate），意思是购物可获得大部分甚至全部退款。如果说商家承诺退还一部分购物款，无非是借此激励消费者多买自己商品而已，但在许多情况下，退款可以是百分之百，那就有点动机不明了。其实，商家聪明得很。他们事先就预期消费者购买时受到退款的诱惑，事后又不积极寻求退款，那商家不就大赚而特赚了吗？事实的确如此。据消费调查，购买rebate商品的消费者中，有70%以上事后"懒得"申请退款，余下30%申请了并且获得了退款的消费者，只是商家促销术的一点点微不足道的成本而已。促销的商家只需在申请退款的手续上面稍微制造一点"麻烦"（当然这些手续要求都是事先言明的），意在提高要求退款的交易费用，就足以保持退款数额在有利可图的范围内。

交易费用是经济学家观察经济现象时总结出的一个概念，是指人们在从事经济活动中，发生在生产过程之外所要支付的一系列成本，比如说为推销或购买而发生的搜寻费用，为签约而发生的谈判费用，为索赔或拒绝赔偿而打官司发生的费用，以及为保护产权而付出的费用，等等。科斯就是因为创造并深入分析了交易费用的概念而获得诺贝尔经济学奖的。不过，交易费用并不是因为经济学家使用了这个概念才存在，而是因为真实世界里有这个事儿，而且它的确十分有意义，经济学家才发明了这个概念来解说它。

美国的商家实际上是运用交易费用的规律，即利用美国消费者不愿意付出太多精力去要求退款，才发明了 rebate 这种促销手段的。我相信，香港的商人绝对不会采用这种方式促销，至少不会提供那么优惠的退款条件，否则他们一定会赔大发了。虽然美国商人的这一发明无法与科斯发明交易费用概念相提并论，但也算得上是个营销学上的重要发明了。而且，如此运用经济学规律来赚钱，算得上是对交易费用概念的善用。

也有不把交易费用规律用在正道上的例子。有朋友在聊天时问我："你说，谁是目前中国最大的知识产权侵权者？"不等回答，他便自己给出了答案："是某某版权研究会呀！"这么一句没头没脑的话，竟一下子取得了在场几位的一致同意。由于我是搞研究的，交往中虽说不上"谈笑有鸿儒"，平时谈得拢的倒都是些写文章的主儿。写文章总会有知识产权方面的关心，就算你自己不斤斤计较，别人也难免与你"两两"计较。这次谈话，竟不意触动了几个人的痛痒之处。

作者发表了文章，是不介意别人引用或者转载的，相反，他们常常希望转载越多越好。北京有一家学术性的报刊复印社，以其高水平、职业化的选刊质量而获得学者们的青睐。中国加入国际版权协定之后，国家有关部门要求对转载、复印已经发表的文章支付稿酬。应该说，此举一下子提高了刊物转载的成本。特别是那些专事报刊复印的杂志，经营成本一定是大幅度地上涨了。上面谈到的这家报刊复印社，倒是乐于按照著作版权法的要求，向被复印文章的作者支付稿酬。被复印了文章的作者们，一方面因其文章被重印而扩大了影响，另一方面又获得了虽则"微薄"却是额外的稿酬，何乐而不为呢？

不过，报刊复印社向被转载的作者支付稿酬，却遇到一个现实的困难。那就是与作者的联系是间接的，寻找起来的确费事。为节约交易费用，也为了利用规模经济，该复印社采取了一种分工的方式，即把该支付的稿酬一股脑地拨到前面提到的某某版权研究会，同时发表了一个声明，意思是请被转载的文章作者与某某版权研究会联系稿酬事宜。有电话有地址，倘若作者果然能够按照声明上面所指示的，拿到那笔辛苦稿费，那么作者和转载者各得其所，本是皆大欢喜之事。问题是，作为中介人的某某版权研究会何苦要为人作嫁呢？本来，中介人应该赚取的通常是一个佣金性质的东西，且不管是从稿酬中扣除还是由复印社另付。但是，我怀疑事情一开始就弄错了，这某某版权研究会希望的是作者们懒得去寻找这笔"额外的"稿酬，并且设计了一个交易费用，降低作者寻求稿酬的意愿。

　　　　　　　　　　　　　　　／"卑贱者"最聪明

可惜这个设计太过贪婪了。当有人告诉我"想要稿费请打电话来"时，我打电话没有人接（我不知道电话局是否有这样的业务，专门出卖空号，供人家反复拨打不得其入），写信从未得到回应。说来我和我的学者朋友们也怪可怜的：别人从我家门前牵走了我的羊并留下纸条说"如果你的羊是卖品，请找我收钱"，可是我满世界寻找顺手牵羊的人要钱却不予理睬，好像我自己欠了人家的钱一样亏心。

就像那次聊天一样的非正式"某某版权研究会侵权研讨会"召开了多次以后，人们才恍然大悟：原来，这本来就是一种巧妙的机制设计——利用交易费用原理获利。某某版权研究会心里一定在说："我承诺付给你稿费，你享有获得稿费的权利，但你永远找不到我，那是你的事，别怪我。"其实，此事例中的机制设计者不仅懂得交易费用的道理，还熟谙"信息不对称"和"免费搭车"等经济学规律：对于每一个被转载的作者来说，寻求某某版权研究会付费而不得回复，最后只好作罢，是因为交易费用过高；想办法把事情弄明白，找某某版权研究会讲讲明白，甚至起诉后者的侵权行为，又有信息不对称的自身弱势（对手可是版权研究会呵！）；就算该作者凑巧是位律师，有时间有精力还有知识较一较真儿，非要得那几个稿费，其收益也是外溢的——别的作者不费力却跟着获益，这便是"免费搭车"的道理。由此看来，某某版权研究会没有好好研究如何尊重和保护别人的知识产权，在经济学上面倒是颇有心得，而且身体力行。

像这样的商家欺骗消费者的事例不胜枚举。我自己是一个居住在北京的消费者，又具有一个典型的"上了当就算了"的习性。生为"懒惰"的消费者，别人会说你该着不能像挑剔的上海人那样，享受到尽可能好的服务。可是我偏偏又喜欢思考问题出在什么地方，所以就要写这样一篇小文。在我看来，一个社会非要逼着消费者十分地"精明"而且在购买过程中不遗余力、不厌其烦，说明这个社会上销售服务的机构存在着严重的垄断。垄断又分为两种，一种是自然垄断，在别的供应者因为这样那样的原因尚未进入竞争时，仅有的那一家就有资本欺负你；另一种是人为垄断，当别的供应者不被允许加入竞争时，被赋予了特许权的那一家就有权欺负你。因为头上顶着冠冕堂皇的大帽子，某某版权研究会应该属于后一种垄断。对于这类现象，我又是一个天生乐观的人。

我认为，某某版权研究会的所作所为，打的只是个时间差，因为这样的垄断多了，一定会损害一个地区的投资环境甚至社会环境，而政府是以促进经济繁荣和社会进步为己任的，所以终究要消除这种垄断行为——这也是一条不以人们的意志为转移的经济学规律。为了给我做学问的朋友们消消气，鼓鼓劲，我要告诉他们，某某版权研究会的如此做法是兔子的尾巴，长不了的。此文最初写作之后，那个报刊复印社已经纠正了此种做法。但是，作为消费者，我们仍然需要睁大眼睛，因为这种滥用经济学规律的事情，时不时在你眨眼的时候便会冒出来。

世纪新人面临的"怎么办"

　　每一个时代都有其特有的新人阶层出现，而每一代新人都有其特有的疑惑，因而有了诸多的"怎么办"的问题。具体来说就是对于一系列特殊的社会问题，新人们总是要提出诸如"应该怎样理解"、"问题的出路何在"，以及诸如此类的智力挑战。大约一个半世纪前，俄国作家车尔尼雪夫斯基作为当时的新人——平民知识分子的代言人，专门写了一部小说《怎么办？》（*Что Делать*？）。在车尔尼雪夫斯基那里，新人挣扎于他们在思想、社会意识上面的进步性与自身所处的非主流社会地位之间。

　　20世纪与21世纪相交之间在中国出现的新人群体之一，是一个按照财富标准衡量拥有社会地位，却在思想、社会意识上与社会主流格格不入的知识分子群体。如同车尔尼雪夫斯基笔下的薇拉、罗普霍夫、吉尔沙诺夫一样，当代新人也对社会现象充满忧虑，在某种程度上也愿意与社会分享自己的财富和智慧。但是，他们在付诸行动之前，思想上必然经历千万次的追问：怎么办？而那些有能力为自己的邻里、自己的国家，甚至这个世界做点儿什么事情的新人究竟怎样看待这个世界，怎么判断这个世界真正的缺失，决定了他们的行动。比尔·盖茨看到的是发展中国家公共卫生事业的不发达，他最初的生意伙伴则看到家乡西雅图需要更多的艺术。这种判断或偏好造成了他们慈善之举的影响所在，或者说他们各自基金会的投资取向。

比尔·盖茨也好，他的前伙伴也好，看到的都是人。不过，前者看到的是缺医少药的穷人，后者看到的是缺少艺术享受的不那么穷的人。使中国的新人常常处于疑惑的现象也是人。几个最经常的疑问是人口越来越多怎么办，穷人越来越多怎么办，老人越来越多怎么办。自从知识分子探讨中国的现代化问题开始，人口问题始终处于一个最重要、最中心的位置，以至在关于著名的"李约瑟之谜"的智力答卷中，绝大多数是与人口相关的假说。

首先，人口越来越多怎么办？绝大多数非专业的知识分子对人口增长的负面效果充满忧虑，这具有悠久的传统，如今似乎也还是一种时髦。中国人口总量在世界上首屈一指，长期以来的人口增长率也颇为可观。因此，用这种特殊性解释中国历史和现实，有着很大的诱惑力。

例如，历史学家伊懋可（Mark Elvin）的《中国历史的模式》（*The Pattern of the Chinese Past*）一书，就是从人口的角度解释为什么早期中国如此发达，却没有形成现代经济增长的代表性著作。他认为，在中国的前现代时期，在没有现代工业和科学投入的

"卑贱者"最聪明

条件下，传统农业的生产率几乎已经达到了技术水平和投入水平所决定的极限，没有什么改进的余地了。这时，如果人口增长成为一个重要的因素，增长的人口就会消费掉剩余产品，使人均农业产量仅仅稳定在生存水平上。由于农产品剩余的降低、人均收入水平的降低、人均需求的降低，以及劳动力变得便宜而资源和资本变得昂贵，无论对农民还是对商人来说，最符合理性的策略就是选择劳动使用型的技术，而不是资源和资本使用型的技术，这导致农业经济发展在早期的较高水平上处于长期停滞状态。这种情形使得中国经济在较早突破低水平均衡陷阱之后，又陷入高水平均衡陷阱。

但是，人口众多就必然导致经济增长陷入"低"或"高"水平均衡陷阱的证据并不充分。许多相对于土地面积来说人口众多的经济，也实现了工业化和现代化。对于这不同的看法，经济学家长期以来就有激烈的争论。但在这方面，人们的认识演变的一个基本趋势是，随着技术进步，人类可以克服自身增长可能导致的负面效果，而把人口转变为人力资源和人力资本，众多的人口反而促进经济增长。如日本和亚洲四小龙实现经济起飞的经验就表明，人口稠密并不阻碍经济增长，都是这种传统假说的反例。所以，对人口越来越多的担心，本来未必是一个问题，属于一种杞人忧天综合征。

美国人亨利·乔治把人口并不必然阻碍人类福利的增进这一事实，形象地概括为："鹰和人都吃鸡，但鹰越多鸡越少，人越多则鸡越多。"不过，人越多鸡越多这一事实，在于人有智慧，不像鹰隼那样只取不予、竭泽而渔。因此，人口众多是否能够成为经济增长的促进因素而不是负担，就取决于人类是否能够不断提高其人力资本水平。一般来说，人力资本积累表现为教育和健康水平的提高。如果一个人，或者一群人，或者一个国家的人口长期处于不能够有效地增进人力资本的恶性循环状态，贫困就是不可避免的和难以摆脱的。

于是，新人们又要提出另一个问题，穷人越来越多怎么办？通常，我们可以观察到的穷人有两种版本：一种是绝对贫困人口，另一种是相对贫困人口。前者通常与不得温饱、目不识丁，以及生活在边缘化的环境中相联系；后者则是相对于富人的存在而言，属于脆弱群体，在大多数社会都存在。按照中国官方的定义，至今中国绝对贫困人口仍然有几千万，而随着贫富差距的扩大，相对贫困人口也在增加，而且出现绝对化的趋势。造成贫困化的因素是多重的，贫困人口的组成也是多元化的。根据贫困原因与贫困者群体的性质，反贫困战略也是多样化的。

第一种是开发式的反贫战略。通过整体经济发展，使大多数穷人摆脱贫困状态，是这种战略的目标所在。开始于20世纪70年代末的农村改革，帮助2.5亿处于绝对贫困状况的农村人口获得了温饱，就是这种战略的一个成功案例。

第二种是瞄准型的反贫战略。随着大多数人口摆脱了绝对贫困，余下的穷人越来越处于边缘化的境地，散布于整体人群之中，需要有一套瞄准机制，以便将其识别出来，把扶贫资源真正配置到这些人身上。20世纪80年代中期至20世纪末期中国政府实施的"八七"扶贫攻坚计划，大体上就属于瞄准型的反贫战略。

第三种是与宏观经济政策相联系的反贫困战略。随着中国经济市场化程度和外向化程度的提高，在整体人口从中受益的同时，一部分人受教育程度低、身体状况差，或者老年人和妇女的调整能力较弱，易于陷入绝对或相对贫困状态。这时，反贫战略就与宏观经济政策融为一体，在反周期政策中，把扩大就业、防止贫困化滋生作为重要目标，同时通过建设一个旨在扶助脆弱群体的社会安全网络以防止贫困化。

与此相关的一个问题是：老人越来越多怎么办？随着经济与社会的发展，人口的出生、死亡进而自然增长模式要经历几个阶段的转变，通常经历一些共同的阶段，人口学家由此总结出所谓的人口转变规律。所谓人口转变，是指从生育率和死亡率都相当高的状况，转变到两者都很低的状况的一个过程。通常，这个过程要经历三个阶段。第一个阶段的特征是高出生率、高死亡率，从而导致低自然增长率。第二个阶段是高出生率、低死亡率，以高自然增长率为特征。第三个人口阶段特点则是低出生率、低死亡率，从而导致低自然增长率。在第三个人口转变的阶段上，当出生率和死亡率都非常低的情况出现时，人口的年龄结构就会逐渐老化，我们看到老人越来越多的现象就发生了。

由于经济社会发展水平提高，而且实行了较为严格的计划生育政策，中国的人口转变较快地跨越了上述几个过渡阶段，与同等收入水平的发展中国家比较，较早完成了从出生率和死亡率都相当高到两者都较低的人口转变。也正是因为如此，中国人口老龄化也比其他发展中国家来得早许多。按照联合国的定义，65岁以上老人超过总人口的7%就意味着一个国家进入了老龄化的社会。根据人口统计，中国目前已经进入这个时期。

　　进入老龄化时期的一个重要标志，是社会要为养老承担一个额外的负担。从理论上说，每一个今天的老人都是昨天的劳动力，在他们活跃于劳动力市场上的时候，都曾经为自己的养老创造并积累了一份剩余。但是在实践中，个人为自身养老的积累并不是那么一一对应的，所以，在许多国家都形成一种局面，即今天正在工作的人口为今天的老人支付养老费用，这就是所谓的"现收现付制"（pay as you go）。于是，老人越来越多归根结底意味着年轻一代负担的加重。一个社会能否很好地赡养它的老年人，取决于这个社会的生产率（养老资源的多寡）和养老保障体制（养老资源的有效配置）。

　　人越来越多也好，穷人越来越多也好，老人越来越多也好，我们在观察这些现象时都是从宏观结果上看的。而在这些结果的背后，都存在着微观行为作为其产生的原因。例如，人口总量越来越多，说明个人和家庭的生育意愿比较强，而生育意愿又是由一系列经济

　　　　　　　　　　　　　／"卑贱者"最聪明

的、文化的背景所决定的。穷人越来越多，说明处于边缘状态的、脆弱的个人和家庭越来越多，是否陷于这种处境，既取决于个人和家庭的人力资本投资，也常常取决于个人的运气。老年人越来越多，与个体生命的延长有关，老年人能否颐养天年，与家庭经济状况好坏，甚至与家庭关系的亲疏都密切相关。

所以，"怎么办"首先涉及个体行为的规范问题。一个健康、良好的生育文化可以使得生儿育女恰到好处；家庭资源在人力资本上面的有效配置，可以提高家庭及其成员抵御危机、规避贫困化的能力；而健康的家庭文化和融洽的亲情关系，则是老有所养的根本保障。同时，"怎么办"又涉及社会集体行为问题。规范人们的生育行为，激励家庭的能力建设和安全建设，以及保障老年人的利益，都同时又是社会层面上一系列制度环境的功能所在。一个良好的社会保障体系和安全网，有助于解决潜在和现实的"怎么办"问题。此外，新人们对于解决"怎么办"的问题也是大有所为的。教育、健康和养老问题，既是家庭的责任，政府的责任，也是社会的责任。世纪之交形成的新人有两个特点，第一，他们在财富上有能力帮助社会上的弱势群体；第二，他们有忧患意识，愿意帮助弱势群体。这两个条件合并在一起，注定了新人们对待"怎么办"问题的态度和所为应该是积极的。

第四编

历史和艺术的启示

达利绘画与古典主义包容性

——漫谈巴罗和萨拉伊马丁及其著述

　　手边这本由巴罗和萨拉伊马丁合著的《经济增长》，洋洋 50 余万中文字符，用代数式和几何图介绍和诠释了从以索洛（Solow）、斯旺（Swan）为代表的新古典增长理论，到以罗默（Romer）、卢卡斯（Lucas）为代表的内生的新增长理论的整个经济增长理论的演进。从一开始读这本翻译著作，我就急切地想看到原著的版本，后来终于如愿以偿，从朋友处借到一本英文原版的《经济增长》（*Economic Growth*）和一本西班牙文的《关于经济增长的授课笔记》（*Apuntes de crecimiento economico*），后者是由前一本书的作者之一萨拉伊马丁独著的。既然已经有了前一本书的中文译本，我又读不懂西班牙文，本来我并不需要这两本书。但是，有两个理由使我急迫地想看到这两本原著：一则中文译本不时出现令人费解和语焉不详之处，疑是误译，我希望手头有本原版书备用，以便必要时查询；二则听说原书封面用了西班牙画家达利的画作，而我一直好奇，想弄清楚究竟用的是达利的哪幅作品，达利的画与经济增长又有什么关系。

答案在我拿到两本原著时才部分地揭晓，原来巴罗与萨拉伊马丁合著的那本书用的达利绘画，是著名的《永恒的记忆》（*The Persistence of Memory*，1931），而在萨拉伊马丁独著的那本书上，则用了《伟大的手淫者》（*The Great Masturbator*，1929）。作为学术著作，采用达利的作品作封面，已经是十分反传统了。虽然美国人很喜欢达利，但我猜想在前一本书的场合，一定是作为西班牙人萨拉伊马丁的主意和坚持，而巴罗也相当宽容，这同时反映了萨拉伊马丁作为第二作者的贡献是不容忽视的。在萨拉伊马丁独著的这本书上，他显然更加毫无顾忌，采用了恐怕巴罗也难以接受的那幅画。我猜想，一般中国人更会认为那是一幅诲淫诲盗的画作。

一方面，我要说萨拉伊马丁的确非常欧洲化，并不因为在美国教书而把文化品位定格于美国化。原来就听说，他举止、穿着十分与众不同，如穿色彩跳跃的西服上衣，系带有米老鼠图案的领带等，直至有一年在北京市举办的诺贝尔奖获得者北京论坛晚宴上，我见到了他和他的当年导师巴罗都以诺贝尔奖级别经济学家的身份受邀，我一眼就确定，那是传说中的萨拉伊马丁。另一方面，从封面画的选择上也可以猜想，在其思想方法论上面，一定与达利有着某种共鸣。

有意思的是，萨拉伊马丁的确在其学术文章中提到过达利。在一篇题为《趋同分析的古典方法》（*The Classical Approach to Convergence Analysis*）的文章中，萨拉伊马丁批评了他的论敌

／ "卑贱者" 最聪明

奎阿（Quah）的方法论。奎阿在一篇文章中曾经对自己采用的论战方法论作过解释，他说："如果我可以找到一组问题，不管这些问题与你最初提出的问题多么无关，只要你的研究技术不能解答，则证明你的技术一无是处，而我的就是万应灵药……即使我的技术也不能回答这些问题。"对此，萨拉伊马丁批评说：奎阿的这种方法论无异于认为所有的经验技术既是一无是处的，又是放之四海而灵验的。这里他提到达利曾经用类似的方法论解释超现实主义的双重映像。

西班牙画家萨尔瓦多·达利是我最喜欢的艺术家之一。可是这位三岁时想当一名厨师，五岁时梦想当拿破仑，成名之后每天早上醒来便陶醉于自己是达利的半是天才、半是疯子的艺术家，究竟与捍卫新古典经济增长理论的巴罗及萨拉伊马丁有何相关，仍然是个谜。为了解开这个谜团，我一边读《经济增长》，一边读了达利自传和一些有关超现实主义的画论，一时徜徉于枯燥的数学公式和梦幻般的现代艺术世界之间。在比较之中，我明白了作为超现实主义旗手的达利的现代派风格与古典主义渊源之间的关系，也自认为弄懂了达利的方法论与重新兴起的新古典经济增长理论之间的共通之处。

达利曾经自称他与超现实主义的区别在于他是一名超现实主义者。我的结论则是，达利的伟大之处在于他对古典主义的回归。在他被超现实主义奉为精神领袖之后，出人意料地开始逐渐向更加综合和古典的方法论上面转移。达利在自传中说："只要我不能把超现实主义与传统结合在一起，作为超现实主义者的我的光荣就毫无价值。我的想象应当转向古典主义。……不要在我的微小成功中停滞不前，我应当为那些意义重大的事情去奋斗，第一件事就是要把我生活的体验古典化，赋予它一种形式、一种天体演化论、一种综合、一种永恒的建筑。"

其实，作为经济学家的萨拉伊马丁，本来对于超现实主义的艺术观并不以为然，但其两部著作都用达利的作品作封面，与达利这种回归古典主义的倾向不无关系，而不能仅仅以他的西班牙血统来解释。巴罗和萨拉伊马丁似乎在有意识地以古典主义为归宿，实践着一种对经济增长理论的综合。

早在20世纪70年代，海韦尔·琼斯就在其《现代经济增长理论导引》一书中期待着这种综合。他引用了爱因斯坦描述量子物理学时的一段话，说明这种综合在任何学科的演进中所具有的重要意义："量子物理学的规律……研究的不是一个单一的系统，而是多个同等系统的聚合体。它们不能由某一单一的测度来证实，而只能由一系列重复的测度来证实……量子物理学抛弃了单个的基本粒子规律，而直接阐明支配这种聚合体的规律，因而它的规律是为了说明群体而不是为了说明单个粒子的。"有趣的是，琼斯还引用了一段凯恩斯同时代人的话，先见性地批评了奎阿的方法论。这是从一封给凯恩斯的信中摘录的："现在的倾向……夸大各派别的差异而

　　　　　　　　／ "卑贱者"最聪明

把一切知识都说成是崭新的——它不能培养科学精神而只能适得其反——由于害怕过时而盲目地勉强拼凑以获得新正统主义。"

以索罗和斯旺同时在 1956 年分别发表的关于经济增长的论文为标志,新古典经济增长理论开始逐渐形成,并在 20 世纪 60 年代兴旺发达。索罗和斯旺的理论出发点是资本报酬递减,即随着资本投入量的增加,其报酬的增长率会降低。因此,从较低的发展水平上起步的国家相对于在较高起点上发展的国家,能够保持更高的增长速度。这种增长率差异维持一个较长时期的结果就是经济发展水平的趋同。这种预测的含义就是,处于较低发展水平上的国家具有赶上并超过较发达国家的机会。

然而,后来的增长经济学家们在检验这个假说的时候,发现它并不符合发展中国家和发达国家经济增长的事实。事实是,发达国家比发展中国家增长得更快,在这两组国家之间,趋同并没有发生,差距反而拉大了。传统新古典增长理论在经验上的这种失败,来自其理论上的缺陷,即在索罗和斯旺的模型中,经济增长的源泉——技术进步被当作外生的因素,不能为模型本身解释。因此,一方面在 20 世纪 60 年代以后,经济增长理论陷入凋敝的景况,另一方面少数"不识时务者"尝试着在两个方向上弥补传统理论的不足:在理论上试图将技术进步等增长因素内生化,在经验上则继续收集数据以检验趋同假说。

到了 20 世纪 80 年代中期以后,经济增长理论迎来了它的又一个鼎盛时期。在理论上，以罗默、卢卡斯等人为代表的新增长理论，通过对人力资本形成和积累特点及其在增长中的作用的研究，以及技术扩散的过程的研究，成功地把经济增长的源泉内生化，所以这种新增长理论又被称作内生的增长理论。而一旦人力资本这种具有报酬递增特点，以及技术创新、扩散这种可能和需要产生垄断的因素被内生化在增长模型中，新古典理论的完全竞争假设就被突破了。从经验上，阿布拉莫维茨（Abramovitz）、鲍莫尔（Baumol）等人在检验传统的趋同假说时发现了所谓的"俱乐部趋同"现象，即在那些具有同质性的国家和地区之间，的确存在着趋同的趋势，而在具有异质性的国家和地区之间，差距则进一步拉大。这种与传统的新古典增长理论趋同假说部分吻合、部分抵牾的经验结果，诱导新古典增长理论的捍卫者从索罗等的理论中，发掘出一个新的概念——条件趋同。

早在 1956 年的文章里，索罗在预测经济增长趋同的时候，就指出了趋同是有条件的，即人口增长率和储蓄倾向的差异会导致每个国家具有不同的长期增长率。只有在这些增长条件被限制住的情况下，从较低起点上开始的经济增长才倾向于具有更快的增长速度，从而产生趋同趋势。坚持新古典主义注重理论与经验相吻合的传统，巴罗和萨拉伊马丁师生俩孜孜不倦地尝试把各种可能的解释变量放到经济增长模型中，以检验条件趋同假说。他们为了挖掘所有有用的解释变量并检验其解释力，做了无数计量经济学的尝试。据说为

/ "卑贱者"最聪明

检验条件趋同假说，增长经济学家已经前前后后尝试过近百个变量。萨拉伊马丁一篇工作论文的题目道出了新古典增长理论家注重用经验检验理论的艰辛——《做它 400 万次回归》（*I just ran four million regressions*）。

巴罗和萨拉伊马丁在《经济增长》一书中，按照理论逻辑，即从理论上尝试把经济增长理论中的增长源泉内生化，包容性地介绍了整个增长理论的演进和发展。在他们看来，新增长理论固然是对于新古典增长理论威力最大的炸弹，但它不仅终究没有摧毁新古典理论的大厦，反而鞭策和激励新古典增长理论家更加努力从经验上检验条件趋同假说，从而赋予了新古典理论以新的生命力。

与此同时，他们并非无视和排斥经济增长理论的最新进展，以及这些新成果对于新古典理论的挑战。巴罗在一篇短论中说道，新古典增长理论把技术进步处理成外生的，并不是出于原则上的考虑，而仅仅是因为当时的增长理论尚未发展到那样的水平，以至从技术上还不能把这个因素内生化。这种看法道出了新古典理论的包容性，表明这种理论具有足够的胸襟和余地，可以吸收经济增长理论方面的最新发展成果。

通过使用条件趋同假说以及进行了大量的经验工作之后，巴罗认为最为成功的理论框架，是把新的内生增长理论与老的新古典增长理论结合起来。新的增长理论可以更好地解释为何处于领先地位的国家能够保持持续的增长，而没有出现报酬递减现象，而新古典增长理论则能够更直接地回答，为什么以及什么时候落后国家能够赶上发达国家。实际上，这本书想要做的事情是用新古典主义把一切具有合理内核和实用价值的理论和方法包容起来，而这种包容性的自信心就在于以条件趋同假说为基础的经验检验。

无论在艺术领域还是在学术领域，总是有一批才华横溢的人物，初生牛犊不畏虎，敢于挑战传统，乐于冒险创新。而人类知识就是靠了这种理论上的企业家的创新，才不断有所进步的。然而，有一种更高境界的创新者，可以在古典主义的框架内包容所有新的发现、发明和观念。达利无疑是这种至高境界的艺术大师，既是超现实主义的创新者，又通过回归古典主义而赋予超现实主义以永恒性。

我能够这样说，当然是因为艺术史已经赋予达利这样的地位。经济学说史尚未对经济增长理论盖棺论定，但是，我也相信巴罗和萨拉伊马丁的工作是在尝试做出与达利类似的努力，这至少已经使他们的成果具有了高屋建瓴的位势。或许正因为如此，哈佛大学教授曼昆（Mankiw）作出这样的评价："由巴罗和萨拉伊马丁撰写《经济增长》，其意义不仅仅在于此书是关于经济增长的，更重要的是，此举本身就是经济增长进程的一部分。"

／ "卑贱者" 最聪明

"沉闷的科学"辩

——漫谈经济学与文学艺术相通之处

　　不知从什么时候起，人们便习惯于把经济学叫作沉闷的科学。如果从经济学不能像美术作品一样陈列于展览馆，像音乐一样演奏于殿堂，供普通人欣赏这一点来说，它固然是沉闷的。但把经济学与其他科学相比较而认为它尤其沉闷，则颇为冤枉了这门学问。一门学问区别于其他学问的特点，不在于人们是否用习惯的方式去欣赏它，而在于该领域的从业者是怎样思考问题，以什么样的方式工作，以及如何进行讨论的。弗里德曼注意到，虽然有三个经济学家通常就会有四种不同的观点，但每当有不同学科的学者在同一间会议室讨论，不出十分钟就会形成旗帜鲜明的两个阵营：经济学家为一方，非经济学家为另一方。可见，经济学家虽然莫衷一是，但一定有着十分相近的思维、工作和争论方式。然而，撇开表面的差异，经济学不仅与其他科学并无本质差别，即便与可称作"形象科学"的文学与艺术相提并论，也有着诸多相通之处。

　　经济学被认为"沉闷"，首先在于它思维方式的抽象性。有一个经常被人引来嘲笑经济学家的故事，讲物理学家、化学家和经济学家如何发挥专长，开启唯一的一听罐头，而不会浪费。物理学家的办法是计算自由落体的速度，然后以一定高度抛起，将罐头摔开。化学家要利用篝火的热量，烧开罐头。经济学家则只是作出一个抽象的假设：如果我有一把起子……经济学家这种提出假设的抽象方法，无疑是招致批评的第一个把柄。

然而，抽象的确是必要的。理论的用途在于节约信息，没有抽象的理论就不能节约信息。设想一个包括千家万户的微观经济行为模型，如果要把张家、李家、王家、赵家的特殊行为方式都无一遗漏地描述遍，其功用只能相当于一幅比例尺为 1 ：1 的地图。理论模型的意义在于，通过抽象，揭示千家万户最本质行为特征，即张家、李家、王家、赵家行为的一般性，而不是特殊性。当然，有时过度的抽象也会妨碍我们观察事物的差异，所以需要适当的抽象。譬如刘易斯反新古典经济学的潮流，把后者的匀质、一元经济分解为二元经济，有助于帮助我们理解执行城乡分割政策的发展中国家的特殊性。但如果不顾理论的抽象，一味地对经济结构进行分解，以至划分出三元经济、四元经济甚至 n 元经济，那就只是在抽象层次上的倒退了，丧失了理论节约信息的价值。

其实，古今中外的文学艺术中颇有一些运用抽象法的经典之作。我们这里不准备谈那些经典的抽象主义绘画，因为那种艺术形式通过艺术家如"软性的摄影机"（达利语）一样的眼睛，反映了主观

　　　　　　　　　　　　　　／ "卑贱者" 最聪明

与客观的差异。我们仅仅比较一下与经济学用抽象理论反映客观现实相关的艺术表现形式。在日本著名作家森鸥外的小说《灰烬》中，主人公节藏构思了一个题名为《新闻王国》的故事。在这个新闻王国中，除了新闻以外，再没有其他任何东西，而国民也分别按照制造新闻、编写新闻和读新闻分成三类。借助于这种抽象，作者得以借新闻之话题，随心所欲地充分剖析他所要批判的政治现象。这种抽象与经济学中或只有"两个部门"，或只有"两种产品"，以及诸如此类的模型如出一辙。

中国作家和艺术家中也有不少懂得并实际借鉴抽象法之人。不知该归功于原作者还是导演，如张艺谋的电影《秋菊打官司》就是运用抽象法讲述故事的经典之作。影片把所有的人物仅仅按有无法律意识划分为两类，而不再有好人坏人之分。假设所有的人物都是正直、善良的，无非是一些人没有法治观念，另一些人的法治观念正在觉醒，围绕着一个在农村司空见惯的事件，讲述了一个有特色的秋菊打官司的故事。故事的这种讲法儿，既冲破了"好人 – 坏人"模式，以及大团圆的好莱坞俗套，也避免了搀杂进无关的腐败之类的蛇足之笔墨。张艺谋的这种抽象，丝毫没有损害电影的可看性，也没有把影片变成说教式的法治教育片。这种抽象与经济学中的"假设其他条件不变"有异曲同工之妙。

经济学被认为"沉闷"，可能还在于经济学家貌似严肃的工作方式。科学家视工作为神圣，工作态度自然是严肃的。然而，经济学家的工作风格并非没有差异，并非缺乏如艺术家具有的幽默感或者激情。西班牙画家达利曾经描写少年时代的他怎样画一幅表现樱桃的画：在每颗樱桃上摆上三个色彩笔触，咔嗒、咔嗒、咔嗒……明、暗、反光……咔嗒、咔嗒、咔嗒……明、暗、反光……磨盘有规律的嘎吱声把它的节奏传给了我的工作。咔嗒、咔嗒、咔嗒……我的画变成了一种迷人的戏法，……为了跟随磨盘的断续节奏，我不得不亦步亦趋地从放倒的门板的这端跳到那端。这么一来，我就像跳着一种神秘的舞蹈或是受到一种令人迷惑的咒语的控制。咔嗒，跳到这儿，咔嗒，跳到那儿，咔嗒，又跳到这儿……咔嗒、咔嗒、咔嗒、咔嗒，随着磨盘的每一声松扣声，无数朱红、大红和白的火焰，在我那临时充当的画布上点燃起来。我就是绘画编年史上这种独一无二的大师、主人和创造者。以诺贝尔经济学奖获得者萨缪尔森为例，可以见得经济学家同样不乏类似的工作热情：自得其乐、自我陶然和唯我独尊。有人形容萨缪尔森只知道工作，没有周末，没有假期，甚至做梦也是工作。萨缪尔森本人固然同意这种说法，但他回答说，对我而言，从事经济分析是娱乐而不是苦工。萨缪尔森的科学家朋友也如他一般，充满科学热情而并不缺少幽默感。萨氏曾经以证明一个所谓"不平等理论"而名噪一时。一次，他问一位统计学家朋友是否愿意同魔鬼做一个交换，以一项精彩的理论出卖自己的灵魂。后者回答甚妙："我不会答应，但如换到的是不平等理论，则另当别论。"萨缪尔森特别欣赏一本书中的献词："我的黑人副官是我所认识的最勇敢的人，他跟在我后头上了圣璜山。"他自视甚高，称自己为"经济学界最后一位通才"，而且他的确没有言过其实。

经济学家也喜欢借助于文学作品中的典故来讲自己的故事。例如，笛福的《鲁滨孙漂流记》就为经济学家提供了永久性的话题，由此可以引出鲁滨孙与星期五的劳动分工、简化了交换的孤岛经济，等等。此外，如同森鸥外构造一个"新闻王国"一样，沃德用虚构的"伊利里亚经济"来描述工人自治制度，帕西内蒂和卡尔多则一气使用了"鲁里坦尼亚王国"、"索洛维亚"或"云雾中的郭公岛"来解释经济增长，而兰迪斯更是直接用了"无所束缚的普罗米修斯"作为他一部论述西欧技术变迁与工业发展著作的标题。

经济学被认为"沉闷"，还与经济学家的辩论方式有关。经济学是一门实证科学，其命题的最重要特征和最低要求是可证伪性。尽管可证伪性并不否定经济学的价值判断，但经济学的出发点至少比大多数其他社会科学学科更加注重回答"是怎样"的问题，而较不乐于回答"应该怎样"的问题。以西方发达国家特别是美国为代表的经济学家集团，为了垄断自己的研究领域，画地为牢并创造了一系列行业八股，美其名曰"规范"。因此，经济学杂志中充斥了复杂的公式和统计，无异于挂起一道"闲人免进"的牌子，让其他行当的学者，以及普通读者望而却步。

然而，许多经济学家自己也承认，经济学的规范不在于其数学化程度，而在于争论中应该使用相同的概念，并且避免提出任何不可以证伪的假说，否则争论就永远不能取得结果。而这种要求争论双方只提出可证伪假说的要求，却不是经济学家的专利。《列子》中有一篇名文《两小儿辩日》，讲的故事也是关于辩论方法论的。

孔子东游，见两小儿辩斗。问其故。

一儿曰："我以日始出时去人近，而日中时远也。"

一儿以日初远，而日中时近也。

一儿曰："日初出大如车盖，及日中则如盘盂，此不为远者小而近者大乎？"

一儿曰："日初出沧沧凉凉，及其日中如探汤，此不为近者热而远者凉乎？"

孔子不能决也。

两小儿笑曰："孰为汝多知乎？"

至少我们由此故事可以了解到，即使是圣人孔夫子，在全然无法证伪的争辩中，也只能被怀疑"孰为汝多知"了。

　　　　　　　　　　　　/ "卑贱者"最聪明

摄影师眼中的移民母亲

1936 年 3 月的一天，多萝希娅·兰琪正在加州空荡荡的高速公路上驾车行驶，突然，一个写着"摘豆营地"的字牌映入她的眼帘。由于知道这一年的豌豆因霜冻而绝收，所以她思想斗争了大约二十英里的路程，才终于掉转车头，经过一段泥泞的小路来到摘豆民工居住的营地。在那里，她见到一位带着一大群孩子的移民母亲，并为她拍了照片。这位 32 岁的母亲告诉兰琪，他们这些外来民工的生活已经到了危急的境况。她的家人一直依靠地里冻烂的蔬菜和孩子们用弹弓打落的小鸟果腹，并且刚刚卖掉了汽车的轮胎以换取食物。

回到家里，兰琪急急忙忙把胶卷冲洗出来，没有等到照片干透，就跑去见《旧金山新闻》的编辑。兰琪告诉编辑，加州利珀莫的移民们正在慢慢地因饥馑而死去。报纸发布这个悲惨故事的时候，配发了兰琪的照片。照片上是那位愁云满面的移民母亲和她的三个女儿，深深地陷入了对生活的绝望，读者无不为之动容。联邦政府也由此了解到移民工人的生活惨状，并在几天的时间里，为这些工人提供了两万磅的食物。很显然，兰琪的采访和她的照片帮助社会和政府了解到民工的疾苦，并且挽救他们于水深火热之中。

故事并没有结束。大约 40 年以后，那位移民母亲向一份地方报纸讲述了她的故事。而为了写作一本书，正在寻找大萧条时代出现在新闻照片上面人物的甘泽尔，凑巧读了这段故事，千方百计找到了这位母亲，并再次为她和她曾经出现在照片上的三个女儿拍了照片。这位当年的移民母亲告诉甘泽尔，斯坦贝克在其名著《愤怒的葡萄》中，曾经描写了一群居住在贝克斯菲尔德的一座桥下的人。而那时她和家人正住在那座桥下，"连一个棚子都没有……"现在，这幅《移民母亲》被收藏在美国国会图书馆里，任何人只要对美国摄影略知一二，他一定知道这幅著名的作品。而移民母亲本人则成为美国几代人心中的偶像。

我们许多新闻记者也有着与流动人口之间的故事。但是，这里的故事有时却表现为相反的倾向，不是同情、鼓励，反倒是歧视，并且把许许多多城市负面现象归罪在他们身上。一位英国社会学家曾经以这样一个疑问作为她论文的题目——"为什么中国媒体制造一种关于民工的负面形象？"她敏感地观察到了城市政府、新闻记者和城市居民在把外地劳动力作为埋怨对象时所具有的一致性，但她没有能够把这个问题与体制背景联系起来，从而未能揭示城市居民对外地劳动力持如此消极态度的真实动机。

改革开放以来，作为经济结构多样化的结果，社会利益结构的多元化也日趋显现。相应的利益集团主要是通过报纸、电台、电视

／ "卑贱者"最聪明

等舆论工具，以及各种场合表达某种情绪。新闻媒体现在面临着双重目标——政治上与政府保持一致和经济上保持盈利，这要求其同时反映政府和读者的关注点和意愿。中国媒体长期以来就面对着"报喜"与"报忧"之间的两难选择。即是说，政府要求其履行一个正面宣传者的职能，而广大读者要求其反映与自己利益息息相关的事件。而在这种情形下，新闻媒体恰好可以把居民对外地劳动力与其竞争就业岗位的抱怨，与城市政府对社会稳定的高度关注结合起来。

媒体的态度和宣传倾向，或多或少地影响着城市政府的决策方向，以致引出一系列排斥外地民工的就业政策。如以实施再就业工程为名，城市政府规定诸多行业和岗位不得雇用外地民工，使外出打工农民的生活景况愈加艰难，在城市形成一个脆弱群体。从法律的角度来看，外地民工具有与本地居民相同的就业权利；从实际来看，民工在劳动力市场上并不必然与城市居民构成直接的竞争。因此，在这个问题上新闻记者的宣传倾向显然是错了。难的是，怎样才能避免有着利润动机的媒体继续犯这样的错误呢？

兰琪在为移民母亲拍那幅著名的照片时，她的身份是一家旨在帮助佃农度过经济困难时期的机构的速记员。她拍照使用的胶卷和旅行费用，要在文具的账目下报销。而恰恰是这种没有经济利益浸淫其中的职业行为，使她正确地反映了移民的疾苦，同时自己的作品也成为不朽的。说到我们的新闻机构，只有宣传倾向与经济利益脱钩时，才能捕捉到具有时代感的新闻，创作出不朽的作品。

人类的故事，我的故事

——读塞巴斯蒂安·萨尔加多的《移民：转变着的人类》

诺贝尔经济学奖得主弗里德曼在谈到经济学家如何抓住机遇，站在时代浪尖时，引用了莎士比亚在《尤里乌斯·恺撒》中的一段话：世事起伏跌宕，若能顺应潮流，急流勇进，便可成就事业；逆潮流而行，错过机遇，只能终生蹭蹬。这句话对经济学家适用，对社会科学家适用，对艺术家和新闻工作者同样适用。因此，我们就面临着何为"世事潮流"和怎样"顺潮而上"的问题了。塞巴斯蒂安·萨尔加多跨越 47 个国界，历时 7 年完成的最新作品《移民：转变着的人类》，正可以帮助我们回答这些问题。

"以全球的眼光拍照"

萨尔加多在摄影的过程中发现，自第一次工业革命之后，人类在使用日益创新的科学技术和生产组织的同时，一直在经历着从传统的固定的生活方式向不断移动的生活方式的转变。由于人是生产和生活的主人公，所以，人的迁移成为这个世界日益增强的移动性的直接表现。其实，人类的经济史就是一部迁移的历史。从《圣经》中记载的"出埃及记"，到现代经济增长中的农村人口向城市流动，无一例外地揭示了人们追求更好生活的强烈愿望。而这种迁移的结果，便是知识分子和政治精英所津津乐道的"现代化"。

从历史的纵向角度看，社会进步的过程是一个从传统的农业社会向工业化社会，进而向后工业化社会转变的过程。伴随着这个转变，人口从农村迁移到城市。一个现代化的社会，同时也是一个高度城市化的社会。从国与国的横向比较来看，不同的发展阶段导致生活水平的巨大差异，诱导人们为寻求更好的工作和更高的报酬而迁移。在一个全球化的世界里，产品、资金和劳动力跨国、跨地区流动的障碍越来越小，国内和国际迁移因而成为愈益重要的现象。

萨尔加多拥有经济学博士头衔，从经济史的角度把握了什么是世事潮流。进而又用他摄影家的独特视角，抓住了移民这一亘古不竭却又具有时代色彩的主题，使自己实践了顺应潮流和急流勇进。正如他自己所说："我以全球的眼光拍照，也希望展示全球化的主题。我的每一个故事都是关于全球化的，都是今日世界人类生存的一个具体事例。"萨尔加多认为，在 20 世纪和千禧年之末，这本摄影集的作品所展示的是人类历史的一个重要转折点，而这个时代堪与从中世纪向现代社会过渡的 15 世纪相媲美。他以移民这个主题所揭示的历史，把自己也放在了时代潮流之巅。

"用他的视角帮助我们观察"

萨尔加多这本关于移民的摄影集，包含了五个分主题。第一个主题是国际迁移。世界由于政治地理的原因和资源分配的原因，历史和现实地分流为东方与西方、南方和北方，人们因此而享有天壤之别的政治权利和生活质量。因此，对个人来说，国境线的咫尺之距，意味着截然不同的命运；对世界来说，跨越国界的迁移意味着文化的冲突与交融。在这里，摄影家用光和影、黑与白的造型，真实而艺术地再现了与跨国迁移有关的、具有历史影响意义的事件。例如，从苏联的角度观察犹太人大规模迁往美国；在墨西哥与美国的边境上讲述拉丁美洲人的迁移故事；从意大利看成批的巴尔干和亚洲移民如何漂流过亚得里亚海，试图经此进入欧洲；非洲移民跨过直布罗陀海峡进入西班牙。

第二个主题是关于难民。自第二次世界大战以来，世界上局部冲突、国内战争和自然灾害频仍，平民百姓首当其冲，许多甚至面临种族灭绝的威胁。背井离乡往往成为他们的唯一出路。萨尔加多用他的照相机讲述了逃难中的悲惨故事，出现在他镜头中的有波斯尼亚人、越南"船民"、阿富汗人、库尔德人、巴勒斯坦人和伊朗人。

第三个主题是发生在非洲的悲剧。非洲大陆这块沉重的土地，连续数十年遭受着自然灾难和战争的蹂躏，自然资源耗竭与人口急

　　　　　　　　　　／ "卑贱者" 最聪明

剧增长的矛盾更是雪上加霜，造就了大批流离失所的人群。萨尔加多的镜头瞄向了莫桑比克的遣返难民、南部苏丹因战争和其他天灾人祸导致的流民、卢旺达内战造成的流向坦桑尼亚和布隆迪的巨大人口，以及扎伊尔境内催人泪下的难民营。

第四个主题是离土离乡的人口城市化。在发达国家，城市化过程已经是一个世纪以前的故事，而今天，由于人口对土地的压力和环境的破坏，处于爆炸性城市化进程中的大多数发展中国家，正在加紧这个过程。萨尔加多的足迹遍及所有具有代表性的发展中国家城市，记录了城市化给人们带来的喜怒哀乐：巴西丧失土地的农民的挣扎、被钻石矿吞噬的印度农民、墨西哥妻离子散的人口流动、厄瓜多尔印第安人离开赖以生存的土地、纳米比亚和南非最后的丛林居民……

第五个主题是今日世界上的儿童。在所有的逃难和迁移的事件中，儿童是重要的组成部分，也是生理和心理上最脆弱的人群。他们的今天在某种程度上决定了人类的明天。所以，萨尔加多给予了他们最多的镜头，寄予了最大的希望。

在人类的长期进步过程中，充满了艰辛、苦难和野蛮的倒退。有时，天际出现的彩虹也变成了黑白的，光明被埋藏在污浊的事物当中。萨尔加多构造了一个黑白的世界，尝试拨开那些掩藏光明的东西。这些摄影作品揭示了我们看不到的，或者虽然看到了却为我们忽略掉的存在。正如一篇评论中所说：他观察，并且以他观察的视角帮助我们观察。一旦你借助萨尔加多的作品看到了这个真实的存在，你再不能耸耸肩膀，像什么也没有看到似的，吹着口哨离去。

"意在声援并引起争论"

萨尔加多出生在巴西的一个农场里。5 岁时，随全家迁移到一个有着 1 万人口的小镇；15 岁时，他前往一个有着 12 万人口的中等城市；以后又先后迁居到大城市圣保罗、巴黎。所以，他自己就是一个移民。正如他自己所说，移民的故事就是我的故事。在职业生涯中，他也经历了一个转移的过程：从经济学家转变为摄影家，得以把流动的历史与静止的艺术结合起来。也许正是由于这种特殊的经历，他成为"关怀摄影"（concerned photography）学派的先驱。

在他的摄影中，萨尔加多从不把拍摄对象仅仅当作模特，甚至当作职业成就的阶梯、获取名利的工具。而是尊重他们，通过记录他们的苦难，展示他们的尊严。地球只有一个，人类社会是由千千万万和形形色色的人群组成的。虽然贫穷和富裕把人们分成了不同的阶级、阶层，贫与富却始终是一枚硬币的两面，相互依存并且互为因果。无论对社会科学家还是艺术家或者新闻工作者来说，了解了贫困的本质，就理解了这个世界的两大主题——和平与发展，以及它们的曲折艰难。而一旦你的职业出发点实现了这个升华，你的成就也相应飞跃到新的高度。一位著名的摄影家曾经断言："我们无法拍摄人的心灵。"但是，萨尔加多的作品表明，如果你懂得人的心灵，你就能把它们拍摄出来。

　　萨尔加多曾经对媒体谈道，这组作品的意图是声援并且引起争论，使人们一起来讨论今日的人类生存条件。作为经济学家出身的摄影家，他自己与妻子和朋友们同时从事大量的社会活动，呼吁并帮助保护穷人赖以生存的生态环境，改善移民的生活状况。他希望人们欣赏了他的作品后，能够从此以一种新的眼光看待身边的移民，以一种尊重的态度理解移民的勇气、追求和贡献。这，就是萨尔加多在自己作品中创造的一种精神和态度，也是他作品的感染力所在。

"高水平均衡陷阱"是不成立的

——"李约瑟之谜"再解

解释国家兴衰是许多学科旷日持久的学术好奇心所在，经济学家更是孜孜不倦地发展出各种理论框架。激励人们把古代中国这个经历了由盛至衰的历史作为主要研究对象的，是以著名的中国科技史学家李约瑟命名的所谓"李约瑟之谜"。这个谜题寻求回答为什么在前现代社会，中国科技遥遥领先于其他文明，而近现代中国不再具有这样的领先地位。

一 "高水平均衡陷阱"难以自圆其说

在较长的时间里具有支配性影响地位的解释，来自所谓"高水平均衡陷阱"理论。在这种理论看来，只有大规模采用资本密集型或劳动节约型的技术，才能形成突破马尔萨斯陷阱所必需的技术变迁。历史上的中国因紧张的人地关系，不具备诱致此类技术变迁的条件。

其实，无论是从经济理论逻辑上推理，还是从历史事实观察，这个假说都是不能成立的。首先，即使在中世纪历史上，欧洲固然经历过开垦土地边疆的时期，但是，更多的时期则是以人地关系高度紧张为特征的。唯其如此，马尔萨斯均衡陷阱才成为最具有持续解释力的理论。其次，经济研究表明，农业技术进步是由生产要素的相对稀缺性所诱致发生的，因此，在劳动节约型技术变迁和土地节约型技术变迁之间，是没有优劣之分的。有经验研究证明，事实上，人口众多的国家可以因人口与土地之间的紧张关系，获得更强的压力和动力，实现更快的技术进步和进一步的人口增长。

归根结底，高水平均衡也好，低水平均衡也好，都不过是马尔萨斯陷阱的特定表现，即任何可能提高粮食生产的机会，归根结底都只是一种暂时性的扰动因素，由此导致的人口增长，最终还会把生产力拉回到只能维持生存的均衡水平上来。

例如，根据麦迪森整理的数据，就 1500 年人均 GDP 而言，欧洲国家中最富裕的意大利比最贫困的芬兰高 1.43 倍，后来成为工业革命故乡的英国，则比芬兰高 57.6%。而欧洲 12 个国家平均人均 GDP 高于中国的幅度，1500 年为 33%，1600 年为 51.3%，1700 年为 72.2%，1820 年为 1.1 倍。可见，"高水平均衡陷阱"既不足以完美地解答"李约瑟之谜"，在历史事实面前也难以自圆其说。

二 对历史的理论解释框架需完整周延

经济学家也尝试以更严谨的理论逻辑破解"李约瑟之谜"。例如，林毅夫认为中国在前现代社会的科技领先，在于众多人口产生的更多创新；而没有成功地转变到以大规模实验为基础的现代科技创新模式，则是随后中国的科技乃至经济落后于西方的原因。而他把科技创新模式转化的不成功归结为不鼓励科技创新，而仅仅复述和诠释四书五经的科举制度。这个解释无疑触及了问题的核心，即中国的落后在于没有进入现代科技创新阶段。然而，留待解释的是，何以中国会形成特有的科举制度。

经济理论的用途在于解释力，核心是其逻辑上的一致性。因此，一种能够更好地破解"李约瑟之谜"的理论，要求不仅能够解释历史，也能够解释与历史相连的现实，在理论逻辑上，则不能留有缺失的环节，换句话说，不能把一个命题转换为另一个命题，然后戛然而止。例如，在未能完美地回答为什么中国形成科举制的情况下，问题就不能算得到解答，理论框架就是不完整的。此外，既然关于中国为什么没有保持其科技领先地位的"李约瑟之谜"是基于中西方的比较而提出的，所以，理论应该同时揭示与此相关的历史上中西方之间的实质性而不是似是而非的差异。

三　关于"李约瑟之谜"的一个解释假说

在一个典型的前工业革命社会，马尔萨斯式的贫困恶性循环，或者说人均收入周而复始地回到生存水平，是经济发展的常态。但是，一旦实现工业革命的哪怕是具有偶然性的机会来临时，物质资

　　　　　　　　　　/ "卑贱者"最聪明

本、人力资本和技术进步是否积累到一个抓住机遇的最低要求水平，决定了能否在一国形成工业革命的突破。因此，我们尝试以极其宏观和大跨度的视角，来观察中西方在前工业革命社会的不同，以提供关于"李约瑟之谜"的合理解释。

在一个徘徊在生存水平的经济中，千千万万个农业经济家庭，甚至手工业家庭的规模都是大同小异的，所有这些"马铃薯"的一切成果，终究不过是维持或高或低的生存水平，因而也只是构成或高或低均衡陷阱的生产方式。因此，个体经济单位不可能形成打破低水平均衡陷阱所要求的临界最小努力。因此，比家庭更高层次的经济体，如领主经济、村落经济乃至国家的职能是否有利于资本积累和技术进步，是产生不同经济发展结果的关键。而恰恰在这个层次上，西方与中国有着巨大的分野。

与西方相比，中国的封建社会是非典型的。经济发展只是一家一户的分散经济活动的叠加而已。虽然这种典型的小农经济具有较大的弹性和活力，许多制度形式如土地自由买卖等也有利于促进经济活动，但是，缺少一个直接利益相关且具有规模经济的中间层次，来组织和激励技术创新，妨碍了物质资本的积累，从而阻碍了可以达到革命性突破的技术进步。

更重要的是，由于皇朝与地方官员及士绅之间并不是典型的契约关系，而是威权式的层级关系，皇朝统治的合法性并不建立在与地方官员和贵族互惠的基础上，因此，建立一种封建意识形态和礼仪规则，辅之以君权神授的威权及中央军事实力，是合法性的根本和唯一保障。在这种情况下，克己复礼的儒家思想就成为主流意识形态，继西汉董仲舒"罢黜百家，独尊儒术"之后，以阐释统治阶级意识形态和效忠为唯一内容的科举制度在隋唐时期形成，并延续一千多年之久，也就顺理成章了。

这种科举制度被看作是一个开放的官员选拔制度，也恰恰起到了把所有的精英引导到通过科举独木桥，从而进入统治阶层的作用。在这种精英选拔体制下，表达对主流意识形态的认同，论证皇朝统治的合法性，以及自己对体制的忠诚，成为精英人才的晋升之途。而科学技术、工艺技能则都成为奇技淫巧，耻与人言。因此，科举制度把有利于科技创新的人力资本积累道路牢牢地堵死了。

在一个泱泱大国，热心于科学探索的官员或士绅，甚至普通工匠也大有人在，对人类文明积累作出了诸多贡献。但是，知识分子的主流激励不在于此，直接知识的创造就是随机性的，间接知识的积累就是间断性的，不足以积累到科技革命的临界水平，自然也就不能在适当的时机激发出工业革命。

在世界各地都处在马尔萨斯贫困陷阱中的时候，中国较早并且或许常常处在高水平均衡陷阱中。而当欧洲通过从低水平陷阱到高水平陷阱的提升，进而逐渐为工业革命积累了必要的物质资本和人力资本的时候，中国反而没有进入这个发展阶段，因而错过了实现工业革命或搭上工业革命顺风车的机会。

　　　　　　　　　　　／ "卑贱者"最聪明

记忆的经济史学

人们非常容易忘掉过去，特别是那些发生过不堪回首事情的年代。有时，整个社会竟会同时失去记忆。在马尔克斯笔下（《百年孤独》）的南美小镇马贡多，全体居民几乎在一夜间同时患了失忆症，忘记了自己的历史，忘记了事物的名称，甚至忘记了喜怒哀乐；在王小波笔下（《寻找无双》）的长安城，一场劫波之后，全城的居民也集体丧失了记忆，忘记了身边人被杀、被卖的史实，更忘记了自己是怎样帮凶的，似乎真的没有发生过任何不幸，似乎自己从来没有出卖过良心。

懂得以史鉴今道理的知识分子们，总在努力想出办法，让人们记住发生的事、受过的难、死去的亲人，甚至作过的孽。巴金倡议建立"文革"博物馆，德国总理在华沙犹太隔离区起义纪念碑前下跪，都是试图让人们记住历史。几年前我访问朝鲜时对同伴说起，如果有人忘掉了"文革"，或者对改革开放不以为然，那就叫他到朝鲜来看一看，重温一下似曾相识的感觉。最近的报道说，以物价和工资上涨几十倍为标志，朝鲜也开始了经济改革。或许很快，我们又将失去这个帮助保持记忆的活生生的博物馆。

但是，历史是延续的。经济史在演进之后，仍然留下了它的痕迹。我第二次访问朝鲜时，参观过地处朝鲜和韩国分野的"三八线"上的板门店。一间曾经是著名的板门店谈判会址的小屋，横跨了南北两个朝鲜。当我在其中徘徊，体会历史时，窗外梭巡的两国士兵引起了我的注意。韩国人和朝鲜人同宗同族、同根同源，本来应该是极其相似的。但是，我眼中的两国士兵，无论是身高、骨骼，还是肤色、神态，甚至那种言语难以形容的气质，都有较大差异。最突出的不同之处则是两国士兵的身高，不夸张地估计，北方士兵要比他们南方的兄弟平均矮 10 厘米。起初，我并不敢随便相信自己的直观印象。以后遇到过外国学者，被告之，我的观察也恰好与一些西方观察家的结论一致——因长期不得温饱，朝鲜人的平均身高已经大大低于其经历了人均收入快速提高的韩国同胞。

其实，经济史学家很早就观察到，长期经济发展差异导致不同国家身高的差异。有人从西安出土的兵马俑（秦王朝士兵的物化标本）与美国南北战争时期士兵在身高分布上的相似性，估计中国秦代人的平均身高与南北战争时美国人的身高大体相当。历史学家还发现，在第一次世界大战时远征非洲的英国军队中，来自澳大利亚和新西兰的士兵，因其成长过程中良好的营养状况，而在身高上比来自英国城镇的士兵占尽优势。其他诸如第二次世界大战前后日本人身高的变化、非洲裔美国人与仍然居住在非洲大陆上的人口的身高差别

／"卑贱者"最聪明

等事例，都表明身高不是先天的种族特征，而是经济发展历史的痕迹。

中华人民共和国历史上最"史无前例"的浩劫是历时十年的"文化大革命"。这场"革命"也在经济史的记忆上打下了烙印，以至人们欲忘却而不能。"文化大革命"留给"文革一代人"的沉重历史遗产，倒不是身高上的损失，而是受教育结果上的缺陷。有学者计算出，如果没有"文化大革命"，到1993年中国的人均GDP应该是实际的1.2倍。这个估计看上去并不如想象的那么大，这是因为它仅仅注意到了物质财富的损失，而"文化大革命"所造成的最大的损失，莫过于在人力资本上面的损失。人力资本是经济学家在人的身上发现的一种类似固定资产，可以通过物质资本投资而增进的东西。人力资本的提高，通常可以通过健康和教育水平的改进而获得。正如前面提到的身高问题，一方面是既往经济增长的结果，另一方面是以人力资本的形式作为今后经济增长的源泉。教育水平上的历史积累也对未来产生深远的影响：无论是针对整个社会而言，还是针对个人而言。

有若干个因素使我们相信，"文革"对中国教育的破坏甚于其他任何领域，对人力资本的破坏也最为严重。首先，"文革"早期的秩序严重混乱。"停课闹革命"，"大串联"，打派仗，搞武斗，揪斗、批判教师和学校领导，破坏校舍、教学设施，正常的教学秩序完全被打乱。从1966年开始，中小学处于瘫痪状态达两年之久，而大学停办4～6年。其次，批判"资产阶级教育路线"的结果是完全违背了教育规律，降低了教学质量，"学工"、"学农"、"学军"和"批判资产阶级"替代或冲淡了"学文"。而学制缩短使中小学的 12 年学制减少为 9 年或 10 年，新编的教材和新的教学模式则以政治教育为主，基础理论的教育被放弃，并且事实上形成了一种亦工（农）亦读的教育格局。再次，知识青年上山下乡以及大学工农兵学员靠单位依据政治标准推荐，滋生出"读书无用论"，严重抑制了受教育激励。据统计，"文化大革命"十年，全国少培养了 100 多万名大专毕业生和 200 万名中专毕业生。

经济史再次留下了它的记忆。"文化大革命"对教育的破坏，导致那一代人的人力资本获得表现异常，直接表现为平均受教育年限的减少。根据"文化大革命"前的自然趋势估算，到 1982 年时，15 岁以上人口的平均受教育年限应该是 5.6 年。但由于"文化大革命"的影响，实际的情况是，这一年 15 岁以上人口的平均受教育年限只有 4.8 年，也就是说"文化大革命"使潜在的人力资本存量减少了 14.3%。1982 年的时候 15 岁到 25 岁的人群，如今恰好是所谓的"40～50"下岗群体。换句话说，今天最容易遭遇下岗或失业，而最难再就业的，恰恰是所谓的"文革一代人"。

我的同事在观察下岗职工的年龄结构时，计算了一个所谓的"文革系数"，即把一个人的受教育年代与"文化大革命"的区段（1966～1976 年）相比较，而形成的那个比例数。结果是显而易见的：下岗职工的年龄区段，恰好与文革系数最大的那组人重合。也就是说，

／"卑贱者"最聪明

一个人在受教育期间经历"文化大革命"越久，其后遭遇下岗或失业的概率越大。因此，如今年龄在 40 ～ 50 岁的下岗职工，成为"文化大革命"浩劫的经济史遗产，在社会的记忆中至今挥之不去。

　　一个民族最重要的财富是在她的人民中所蕴含着的人力资本。任何劫难之后，只要人力资本尚存，物质财富遭受的损害可以迅速得到修补。但如果人的能力被破坏了，我们拿什么来创建物质财富？例如，第二次世界大战后的德国，虽然一时处于物质匮乏、失业严重、饥馑流行的状态，物质资本遭到破坏和稀释，但仍然保留了天生的物质生产知识、丰富的企业家才能和动力十足的熟练劳动力。换句话说，战后的德国受到破坏的是物质资本，造成的结果是经济增长起点的降低；得以保留的是人力资本，具备了赶超自己原来增长速度的条件。而 14 世纪中叶蔓延欧洲，并导致 1/4 至 1/2 人口死亡的黑死病，损害的人力资本较物质资本更多，因而随后的经济增长就远远不能尽如人意。

　　经历了传统体制和"文化大革命"的中国，改革开放以来的确取得了前所未有的增长绩效。但是，曾经损失掉的人力资本，归根结底会成为中国经济可持续增长的瓶颈。而 21 世纪中华民族的振兴，最可依赖的也是人力资本的积累。从一段历史记忆中，得到这样的结论并警醒当代和未来，遭遇到的挫折和磨难才算留下了价值。

马尔萨斯何以成为最"长寿"的经济学家？

如果按照英国人当时的出生时预期寿命，马尔萨斯于 1766 年出生时，预期活不过 40 岁。所以，1834 年以 68 岁"高龄"逝世的马尔萨斯，在当时算得上是寿终正寝了。不过，说他最"长寿"，其实是指他的学说所产生的深远影响。可以说，没有哪一个经济学家像马尔萨斯的理论及其政策涵义那样，集声名狼藉和源远流长于一身。

仅仅从市场流行的角度，看一看他的名著《人口论》，就可知马尔萨斯学说有多么历久弥新。在过去 200 多年的时间里，这本书被无数次再版，被翻译成几乎所有的主要语言，光是近年来以简体中文在市面上流行的，就有北京大学版、华夏版、敦煌文艺版、陕西人民版和安徽人民版等等。一位有心人注意到，在 20 世纪 90 年代伦敦的市场上，单以最著名的古典经济学家代表著作的第一版售价论，现代经济学之父斯密的《国富论》为 2 万英镑，另一位伟大的经济学家李嘉图的《政治经济学及赋税原理》仅为 6500 英镑，而马尔萨斯的《人口论》则高达 3 万英镑。

应该说，马尔萨斯绝非徒有虚名。众所周知，在 1798 年出版

/ "卑贱者"最聪明

的《人口论》一书中，他描述的人口将以几何级数增长，而食物充其量只能以自然级数增长的阴郁的人类前景，至今仍被悲观主义者奉为圭臬，也使作者成为当之无愧的第一个人口学家。不那么为人所知的是，马尔萨斯还是经济学诞生后第一个受聘的经济学教授，甚至现代经济学之父斯密都没有得到这一荣誉，只当了个逻辑学和道德哲学教授。更严肃地说，真正使马尔萨斯学说长寿、常青的，是下面几个原因。

首先，马尔萨斯人口理论可以解释有史以来人类经济活动的绝大部分时期。占主流地位的增长理论，把经济增长看作是一个新古典式的过程，把土地从考察的生产要素中剔除了出去，劳动力是短缺的，资本的边际报酬递减，唯有生产要素投入之外的生产率提高，才能引起长期的经济增长。从这个占统治地位的观点，人们不难发现，它不能解释工业革命以前世界上普遍存在的经济增长类型——马尔萨斯式的贫困陷阱。因此，终究要有一些经济学家（如汉森和普雷斯科特），站出来承认，人类经济发展至少应该划分为两种类型，一种是以麻省理工学院教授索洛命名的新古典增长类型，另一种是以马尔萨斯命名的前工业革命阶段。

必须指出的是，在马尔萨斯与索洛之间，至少还应该有一个以发展经济学家刘易斯命名的二元经济发展阶段。使其得以成为一个独特发展阶段的，是无限供给的劳动力及其从农业向非农产业的转移过程。许多后起工业化经济体，以及如今仍属低收入和中等收入分组的国家，就处于这个经济发展阶段。这种经济发展类型，不难为中国人所理解和认同，因为过去 35 年的高速经济增长，正是伴随着人类和平时期历史上最大规模的劳动力转移和流动。

虽然在增长理论圈子里，经济学家们言必称索洛，其实，马尔萨斯式的贫困陷阱理论，能够解释的历史范围，远非索洛理论所能相比。另一位增长经济学家琼斯曾经做过这样的比喻：设想人类迄今为止 100 万年的历史，是沿着一个长度为 100 码的标准橄榄球场地，从起点到终点走过来的，在 99 码之处即 1 万年之前，人类才创造了农业，与单纯靠渔猎、采集为生的原始生产方式揖别；罗马帝国的鼎盛时期距离终点仅为 7 英寸；而我们熟知的把马尔萨斯时代与工业化时代做出划分的工业革命，一经发生，距球场的终点已经不足 1 英寸了。

这就是说，如果我们用以其理论完美刻画了经济发展基本特征的经济学家，来命名人类经济活动有史以来三个主要发展阶段的话，在马尔萨斯贫困陷阱、刘易斯二元经济发展和索洛新古典增长三者之中，虽说是"铁路司机各管一段"，马尔萨斯理论所能解释的这一段，在时间上是最为悠久绵长的。学者、社会活动家和政治家，甚至一般读者对马尔萨斯有着更加刻骨铭心的记忆和更加旷日持久的关注，自然有足够充足的理由。

在写作中引证马尔萨斯的《人口原理》(有的版本译为《人口论》)

时，一位主编曾经建议我不要引用敦煌文艺出版社的插图版[1]，而是换成某个更严肃的版本。我当时诚心地接受了这个建议。不过，对于许多普通读者来说，这个版本中所收集的极为丰富的图片资料，从各个历史时期的老照片到宗教的和世俗的绘画作品，本身就不啻为一部人类经历马尔萨斯式发展阶段的历史，与马尔萨斯的理论和解说互相补充、相映成趣。

其次，新旧马尔萨斯主义可以帮助思维懒惰的人类解释他们难以理解的现实。其实，在马尔萨斯写作《人口论》的时代，改变人类生产方式的工业革命已经如火如荼地发生了。不仅因为"身在此山中"而不识"庐山真面目"，更是由于伴随工业革命的创造性破坏，许多没有能力获得技术进步带来机遇的穷人，反而陷入更加无助的境况，以至悲天悯人的马尔萨斯神父在那个时代临近结束的时刻，得出了对其作出完美描述的悲观理论和政策建议。从人口增长必然加剧人口与食物之间的矛盾进而造成更严重的贫困这一逻辑出发，马尔萨斯甚至"冒天下之大不韪"，主张废除能够给穷人带来哪怕杯水车薪般帮助的《济贫法》。难怪浪漫诗人柯勒律治悲叹道："看看这个强有力的国家，它的统治者和聪明的人民竟然听从马尔萨斯的话！悲哀啊！"

工业革命以后，在工业和农业乃至崭新的经济活动领域，技术

---

① 马尔萨斯：《人口原理·菁华彩图珍藏本》，丁伟译，敦煌文艺出版社，2007。

进步像列车车轮一样不可阻挡，同时也不断地碾碎许多人心中的乌有之乡。随着第三世界国家开始独立发展，经济社会发展的失败再次与人口爆炸联系到一起；经济总量增长的同时，"贫者愈贫、富者愈富"的马太效应仍然无处不在；人们为了改善自己当前的生活质量，却破坏了子孙后代发展的资源和环境可持续性；人类竭泽而渔般的经济活动，还导致全球变暖，甚至威胁着地球的生存。此外，还有迄今无法征服的艾滋病、癌症和不断冒出来的传染性疾病，绵绵不绝的局部战乱，人类无法把握的自然灾害，在许多国家仍然蔓延的饥馑……

在各个知识领域的思想家们辛勤工作，尝试对各种现实问题给出科学解释和正确建议的同时，大多数普通知识分子具有难以想象的思维惯性和惰性，而马尔萨斯的解释可以最直截了当地满足这种智力需求。无须煞费苦心地判断技术变迁的可能性，不必因加入制度变量而把问题复杂化，甚至可以罔顾历史事实，只需把人口因素与发展相关问题逐一对应，就像往计算机统计程序中输入了数据，简单的"因果"便立等可取，且能使具有不同知识背景的人群都耳熟能详。此外，政治家也发现，这种简单却古老的逻辑，可以为自己的无知、无助及至政策失误，提供放之四海而皆准的辩解或者托辞。

再次，马尔萨斯关于如何对待贫困人群的论点和论据，为一个长期辩论中的反方提供了思想武器。从工业革命时代开始，代表先进生产力的资本积累和技术进步，始终与一部分人群的贫困如影随形。因天灾人祸、劳动能力或技能不足，或者干脆由于运气不佳，许许多多劳动者的手工劳动被机器所替代，又不能短期内适应新的岗位，以致陷入难以自拔的贫困之中。这时，各种形式的社会救助和社会保险，便成为一种公共政策选项摆在政府面前。在许多国家，这样的社会救助和社会保险项目，也确实在工业化的早期便应运而生。

然而，从这种社会救助机制产生之日始，就存在着两种对立的观点。在学理上，穆勒将其必要性和潜在的弊端一并概括出来。他警告人们，社会救助会产生两种结果，一种是救助行为本身，一种是对救助产生的依赖。前者无疑是有益的结果，后者则在极大程度上是有害的，其危害性之大甚至可能抵消前一结果的积极意义。围绕这个"穆勒难题"，学者和政策制定者被划分为正方和反方，分别赞成或反对政府实施对穷人进行保护和救助的社会政策。马尔萨斯人口学说所引申出来的政策涵义，必然是救助越多，越是会引起蜂拥而至。

凯恩斯曾经以掩饰不住的钦佩之情，引用了马尔萨斯所举的一个例子，似乎是赞成后者对待穷人的态度——"大自然的盛宴中，没有他的坐席"。在马尔萨斯的寓言里，如果宴会的受邀客人不顾女主人的警告，愿意与不期而至者同席分享食物的话，一旦消息传开，宴会厅就会挤满未被邀请的来宾，必然造成女主人和原来的宾客所不希望看到的结果：宴会的秩序与和谐被破坏，先前的富足变成了现在的匮乏，每个角落都充满了痛苦和依赖的场面，得不到食品的人们哄闹不休。最后，原先那些貌似慷慨的受邀宾客后悔不迭，才承认女主人斩钉截铁拒绝任何不期而至的态度是正确的。

在今天这个比之马尔萨斯时代远为富足的世界，各国都未能完美地解答"穆勒难题"，以受邀与否区别来宾的宴会仍在上演。例如，许多欧洲人或许在后悔选择了过于慷慨的养老保险制度、劳动力市场制度以及移民政策，美国人仍然在医疗保险和移民政策的立法上争执不断，日本人担心老龄化造成过高的赡养系数，中国的市长们担心农民工的市民化会摊薄原有居民的福利，不一而足。在莫衷一是的理论和政策辩论中，马尔萨斯的理论，始终为这场辩论的反方即社会保护政策的反对者提供着权威性的背书。

最后，马尔萨斯的经济理论被凯恩斯主义"借尸还魂"，使其间接影响至今未有丝毫的减弱。我们知道，凯恩斯最核心经济观点中关于政府干预的必要性，建立在现有资源利用率不充分的观察基础上。而这个被总结为"有效需求"的理论假说，很可能是直接受到马尔萨斯的启发。很久以来，人们认为凯恩斯先发明了有效需求假说，然后才发现了马尔萨斯。但是，凯恩斯的传记作者斯基德尔斯基则认为，凯恩斯发现的顺序，很可能是颠倒过来的。

无论事实究竟如何，对于这位剑桥前辈思想的重新发现，使凯恩斯异常兴奋、欣喜若狂。他对马尔萨斯本人获得这个灵感后的生动描写，其实也反映了他自己的心情："这一想法对他的震撼之大

/ "卑贱者"最聪明

以至于他骑上马从黑廷斯跑到镇里……"在 1922 年就完成初稿、1933 年付梓的《托马斯·罗伯特·马尔萨斯》一文中，凯恩斯无比感慨地说："马尔萨斯这个名字因'人口原理'而不朽，而他提出更深刻的'有效需求原理'时的天才直觉却被遗忘了。"特别是在阅读了马尔萨斯与李嘉图之间的通信之后，凯恩斯大胆地臆想："如果是马尔萨斯而不是李嘉图成为 19 世纪经济学领头人，今天将是一个明智得多、富裕得多的世界！"

建立在有效需求理论的基础上，凯恩斯本人于 1936 年出版《就业、利息和货币通论》，标志着宏观经济学的诞生，为政府通过刺激需求实现充分就业和经济持续增长奠定了理论基础，形成了一场轰轰烈烈的凯恩斯革命。虽然在 20 世纪 70 年代以后，凯恩斯主义遭到越来越多的批评，但是，每逢经济危机特别是现代世界经常发生的金融危机，各国政府不约而同地重新祭起凯恩斯主义大旗，出台各种各样版本的经济刺激政策。如果说，凯恩斯经济学因金融危机发生而不断"死灰复燃"，马尔萨斯则因此而"阴魂不散"。

200 多年中，许多与时俱进的学者，尝试用日新月异的技术进步拒绝马尔萨斯管用了上千年的贫困陷阱学说，以变化了的人口转变阶段论证马尔萨斯人口学说和政策建议的荒谬，从以人为本的关怀理念批驳马尔萨斯对贫苦大众的漠视，借凯恩斯主义的失败试图一并"埋葬"马尔萨斯的经济学观点，甚至以新老马尔萨斯主义的不合时宜对其极尽妖魔化之举。事实上，与马尔萨斯这个人或直接、或间接相关的理论学说和政策主张，也的确误导过并且仍在误导着各国的经济社会实践。但是，他的理论却依然"长寿"，超越大多数其他经济学家。或许，消除其"糟粕"的最佳策略，应该是更加严肃认真、更加历史地对待马尔萨斯的学说，更深入地理解和评判其理论遗产，及至达到去芜存菁的效果。

中国财富增长与"马未都效应"

如果有人认为，写经济学随笔，可以下笔千言、随心所欲，至少对我而言是大错特错了。这个短文其实酝酿了许久，因为在我能够掌握足够的知识和信息之前，我哪怕有了一些想法，充其量仅可以称之为火花而已，而不敢动笔成文。先澄清一下，本文以马未都效应为题，其实与马未都本人并无直接关连。而且，绝无对马未都说三道四的不恭意图。

但是，本文的确是受马未都启发而来。我第一次在电视上看到他，是在一个专访节目，当时他正与主持人谈他的本行——收藏。说到中国文物的价格，他认为，由于中国在国际上影响力日增，文物愈益为世人所欣赏，所以价格迅速上涨。他本人从不短线倒来倒去，反而比那些短视者赚了更多的钱。其实他在这点上没有完全说对。毕竟，虽然他是文物收藏大家，且从中赚了大钱，可并不是经济学家。因此，在何以自己收藏的文物大幅升值这个问题上，并不真正知其所以然。

其实，我们可以把问题转换为：一个国家的文物乃至艺术品为什么可以在一定时期内，持续产生巨大的溢价。经济学家的法宝是，在比较中进行观察，提炼规律，得出判断。好了，如果我们观察三个事实，这个问题的答案就可以得到：其一，哪个或哪些国家的文物艺术品溢价最高；其二，哪个或哪些国家文物艺术品价格被认为压低了；其三，哪个或哪些国家文物艺术品溢价迅速上涨。

先回答第一个问题。迄今为止，仍然是欧美国家的文物艺术品溢价最高。虽然这些国家的文化并不比许多发展中国家更加悠久，但在那里，文物也好，艺术品也好，价格始终遥遥领先。相比之下，那些具有悠久文明，但仍然处于不发达、低收入状态的国家，文物艺术品的价格仍然很低。这里，我也同时回答了第二个问题。那么第三个问题恰好可以由中国以及"马未都"们的例子给予回答。中国几乎可以说是文物艺术品价格上涨最快的国家，因而也是中国，造就了众多的"马未都"。

谈到这里，作为经济学家，就该运用我们的看家本领——抽象手法了。越是富裕的国家文物艺术品的溢价越高，越是贫穷的国家，文物艺术品越是被低估，而收入增长越快的国家，文物艺术品增值速度也越快。马未都无非是中国经济高速增长的一个突出的受益者而已。我们每个人都是中国高速增长的受益者，不过，还是更聪明更走运的"马未都"们获益更大。

外行人以为，文物艺术品因其年代、艺术造诣不同而产生价格差别。其实，那只是在同一国家，对同等类型文物艺术品的价格身上可以应用的解释。比如在中国，同样质量的东西，宋代的自然比明代的值钱。而同是明代的东西，当然就要看艺术水平和稀缺程度了。不过，不同文化有相同的也有不同的欣赏方法。如中国人讲把玩，西方人用作装饰，中西方也都收藏来炫富或保值，但是，仅从艺术欣赏的角度，其实中西方是没有什么共同的审美观的。

或者说，所谓共同的审美观，无非是一些专业人士自己遵循的行当内的专业规范，为的是把别人排斥在圈子外，或者自己不要被圈子排斥在外。根据我个人的经验，所谓越是民族的就越是世界的，实在是自作多情，自我欺骗而已。换句话说，除了专家以及那些酷爱异国文化的特殊人之外，外国的物件实在比不上打小就喜闻乐见的文化物品。

结论就是，人均收入水平快速提高，并即将从中等收入进入高等收入行列的国家，必然经历一个各种资产被重新估价，或溢价提高的过程，总体来说价格是被国人自己的购买能力所推高的。千万不要被苏富比总部升起中国国旗、某某物品拍出天价的表象所迷惑。因此，马未都效应其实就是中国人均收入高速增长（且收入差距扩大），包括文物和艺术品在内的资产，因中国人自己的收藏偏好而大幅度提高溢价的财富效应。

不过，如果分析到此而止，随着中国经济开始减速，似乎"马未都"们的好运到头了。其实不然。有两个因素使得中国艺术品和文物大有溢价空间，一个于收藏者，于经济学家都算好消息，另一个我作为经济学家则很不喜欢，其后果对收藏者也不是好消息。第一个因素是，无论增长速度是否降下来了，中国的人均收入仍将继续提高，包括艺术品和文物在内的资产将被重新估值，不是向下而是朝上，因为数量有限的藏品所对应的购买力仍将继续提高。

第二个因素是，在经济增长减速的情况下，如果实施过多过强的刺激性政策，那些释放出来的货币并不乐于按照政策的预期，流向实体经济或者基础设施投资领域，而往往会外溢到与产业比较优势和企业竞争力无关的投资领域，除去股票市场、房地产市场和海外资产之外，一个可能的去向就是艺术品市场。既然与股市、楼市等相提并论，则意味着由此刺激起来的艺术品投资热也好，文物投资热也好，都具有了泡沫的性质，即货币流向不该去的地方，对应着优质品有限的购买对象，一方面，买来的东西很可能价高而质廉，另一方面，任何泡沫，或早或晚终究是要破裂的。

图书在版编目（CIP）数据

"卑贱者"最聪明 / 蔡昉著. -- 北京：社会科学
文献出版社，2017.6（2018.4 重印）
ISBN 978 - 7 - 5201 - 0467 - 8

Ⅰ.①卑… Ⅱ.①蔡… Ⅲ.①经济学 - 文集 Ⅳ.
①F0 - 53

中国版本图书馆 CIP 数据核字（2017）第 047310 号

"卑贱者"最聪明

著 者／蔡 昉

出 版 人／谢寿光
项目统筹／恽 薇
责任编辑／恽 薇 孔庆梅

出 版／社会科学文献出版社·经济与管理分社（010）59367226
地址：北京市北三环中路甲 29 号院华龙大厦 邮编：100029
网址：www. ssap. com. cn
发 行／市场营销中心（010）59367081 59367018
印 装／三河市东方印刷有限公司

规 格／开 本：787mm × 1092mm 1/16
印 张：13.25 字 数：129 千字
版 次／2017 年 6 月第 1 版 2018 年 4 月第 4 次印刷
书 号／ISBN 978 - 7 - 5201 - 0467 - 8
定 价／69.00 元